KB104077

처벌 뒤에
남는 것들

임수희 판사와 함께하는 ──────
회복적 사법 이야기

처벌
뒤에
남는
것들

임수희 지음

오월의봄

• 차례 •

형사사법이건 기타 다른 사회분쟁이건, 우리의 궁극적 목적은
범죄와 분쟁 이전의 상태로, 즉 다시 평화로운 일상으로 되돌
아가는 것이지, 징벌과 보복이 그 자체로 목적이 될 순 없다.
그런 점에서 용서와 화해, 치유와 회복을 지향하는 '회복적 사
법'은 근본적인 발상의 전환이고 우리가 지향해야 할 미래다.
임수희 판사의 이 책은 스스로 수년간 회복적 사법을 연구하고
실천한 소중한 결과물이다. 치밀하고 진지한 연구와 인간과 세
상을 향한 따뜻한 시선이 어우러져 보기 좋은 책 한 권이 완성
되었다. 회복적 사법이 생소한 사람들뿐만 아니라, 회복적 사
법의 미래를 고민하고 있던 사람들에게도 일독을 권하고 싶다.

홍성수(숙명여대 법학부 교수)

회복적 사법의 아버지인 하워드 제어는 '회복적 사법은 강과
같다'고 말한 적이 있는데, 그로부터 20여 년이 지난 지금 회복
적 사법은 거대한 강을 지나 드넓은 바다가 되었다. 그런데도
회복적 사법은 여전히 우리에게 생소하기만 하다.
회복적 사법에 관한 법원 내 선구자인 저자가 오랜 실무 경험
을 바탕으로 쓴 이 책은 우리에게 회복적 사법에 관한 새로운
지평을 열어준다. 누구라도 이 책을 통해 경찰, 검찰, 법원으로
이어지는 형사절차 안에서 범죄의 피해자, 가해자, 그리고 공

동체가 어떤 방식으로 회복되어갈 수 있는지 마치 파노라마를 보듯 생생하게 느낄 수 있다.

저자가 뿌린 회복적 사법의 작은 씨앗이 그 싹을 틔우고 꽃을 피우며, 마침내 풍성한 열매를 맺어 우리 형사사법이 한층 더 정의로운 사법으로 나아가는 이정표가 될 것으로 믿는다.

조균석(이화여대 법학전문대학원 교수)

회복적 정의 영역에 일하는 사람으로서 이렇게 쉽게 읽히는 회복적 사법 관련 책을 만나는 것은 큰 축복이다. 페이지를 넘기며 냉엄하고 차가울 것 같은 사법 시스템 안에서의 회복적 사법을 갈망하며 그 강력한 '첫사랑'을 잊지 않고 키워왔던 임수희 판사의 따뜻한 정의를 향한 마음이 느껴진다.

판사이기 이전에 한 명의 사회공동체 구성원으로서 더 많은 사람들이 회복적 사법 이야기를 함께 만들어가기를 바라는 타고난 이야기꾼 임수희 판사.

사법불신이 팽배한 시대에 그의 '회복적 사법 이야기'는 사법의 반성이 아닌 새로운 방향으로의 전환이라는 화두를 던지고 있는지도 모른다. 사법에 희망을 보고자하는 사람들에게 일독을 꼭 권하고 싶은 책이다.

이재영(한국회복적정의협회 이사장·한국평화교육훈련원 원장)

이야기의 시작

'회복적 사법 Restorative Justice.'

저에게는 마치 시작도 못해보고 그냥 끝나버린 사랑 같은 느낌을 줍니다. 아직도 그렇습니다.

이 용어를 처음 접한 것은 아마 2011년 무렵이 아닌가 싶습니다. 가사재판을 할 당시였는데요. 망가져가는 가정에도 불구하고, 어떻게든 다시 살아보려고 애쓰는 사람들과 그 속에서도 매일 커가며 새로운 필요를 가지는 아이들. 당장 해결해야 하는 문제들로 하루가 금방 채워지고 그런 매일을 살아내는 데만도 시간이 부족해 순간순간이 너무 소중한데도, 오늘 그들의 삶은 재판절차에 담보 잡혀 지루하게 멈춰 있기 일쑤였죠. 재판이라는 괴물은 그저 과거의 사실관계에 대한 시시비비의 판정만을 할 뿐, 그들의 미래를 향한 삶의 청사진을 제시해주지 못한다는 한계가 숨 막히게 다가왔던 즈음일 겁니다.[1] 우연히 어떤 워크숍에 참석하였다가 'Restorative Justice'를 '회복적 정의'로 번역한 소개를 들으며 이 '회복적'이라는 단어에 눈이 번쩍 뜨이는 충격을 받았습니다.[2]

그 이듬해 저는 형사재판을 담당하게 되었는데, 종래의 응보사법적 접근을 벗어나지 못하고 있는 형사재판의 현실에 다시금 갑갑함을 느꼈습니다. 범죄를 저지른 피고인에 대해 처벌로 응보하는 것. 그것만으로는 해결되지 않는 여러 문제점들을 재판과정 속 사람들의 삶에서 생생히 볼 수 있었으니까요. 피해자의 고통과 회복되지 않은 피해, 그리고 깨어진 관계와 파괴된 공동체. 재판과 판결의 뒤에 남겨진 이것들은 대체 어떻게 되는 것인가. 누가 해결하는가. 어떻게 처리되어야 하는가. '누군가 알아서 하겠지' '사회가 알아서 하겠지' 하며 판사는 그냥 형벌을 선고하는 판결만 하면 되는 것인가. 그런 고민들 속에서 2011년도에 접했던 '회복적 사법'이라는 용어를 다시 떠올렸고, 거기에 뭔가 답이 있지 않을까 하는 호기심과 궁금증이 뒤섞인 관심도 쑤욱 커졌습니다.

그러던 차에 또 한 해가 가고 2013년도 들어서 인천지방법원 부천지원에 새 지원장님이 부임했는데, 마침 회복적 사법에 관심을 가진 정준영 부장판사님이었습니다. 부임 직후 저에게 회복적 사법을 형사재판에 적용하는 시범실시사업Pilot Project[3]을 제안하셨고 덕분에 제가 그 주무를 담당하게 되었습니다. 돌이켜보면 저는 회복적 사법에 대한 이렇다 할 사전지식이나 이론적 기초도 없이, 그저 재판을 하면서 갖게 된 문제의식과 '회복적'이라는 용어가 주는 다소 낭만적인 느낌에 기댄 긍정적 관심만을 가지고서 회복적 사법 시범실시사업을 완수해내겠다고, 참 겁도 없이 달려들었던 것 같습니다. 그렇게 저의 회복적 사법에 대한 순진한 사랑은 시작되려 하고 있었지요.

그로부터 몇 달간 폭풍처럼 몰아쳐오는 엄청난 경험 속에서 많이 감동하고 많이 배우고 많이 기뻐하고 많이 축하했습니다. 그리고 또 한편 많이 고민하고 많이 실망하고 많이 궁금해하고 많이 의문을 제기하고 많이 좌절도 했습니다. 해가 바뀔 무렵 제 안에는 자신도 다 이해하지 못하는 수많은 것들이 쌓이고 있었습니다.

그런데 그러고는 끝이었습니다. 다음 해에 저는 다른 법원으로 옮겨갔고, 부천지원에서도 일회적 시범실시사업으로만 끝났을 뿐 그 명맥이 이어지지 않았습니다. 저의 회복적 사법과의 사랑은 시작되려다 말고 그냥 끝나버린 겁니다. 그 이유를 수년간 생각해보았습니다만, 저로서는 우리 형사사법 시스템, 특히 형사재판과 관련하여 회복적 사법이 제도화되어 있지 않고 또 제도화하려는 노력도 없다는 점이 가장 아쉬웠습니다. 제도가 없어 만날 수조차 없는 회복적 사법과의 사랑을 제가 무슨 도리로 키워나가고 관계를 지속한단 말인가요. 우리 형사사법 시스템, 특히 형사재판과 관련하여 회복적 사법을 제도화하려는 노력조차 없다고 감히 말할 수 있는 것은,

회복적 사법을 제도화하려는 것으로 평가할 수 있을 만한 정부나 국회의 법안 제출이나 법령 개정에 관한 어떠한 노력도 찾아볼 수 없기 때문입니다. 이 글을 쓰는 현재까지도 제가 아는 한 그러합니다.

한편 그로부터 4년여 시간이 흐르는 동안 제 속에는 어떤 부채감이 무겁게 커져갔습니다. 형사재판에 회복적 사법을 적용했던 시범사업의 귀중한 경험을 통해 배운 것을 정리하고 나누어야 한다는 숙제에 대한 부담이었죠. 물론 당시 백서 형태로 그 내용을 정리하여 보고서를 작성해놓은 것은 있었지만, 아는 사람도 찾는 사람도 별로 없이 관심을 받지 못했습니다.

하지만 저는 그 콘텐츠의 핵심 가치를 사회적으로 공유하는 것이 중요하다고 생각했습니다. 판사로서 했던 일을 통해 제게 쌓인 경험과 통찰과 지식이니, 일종의 공공재처럼 사회에 내어놓고 함께 공유해야 한다는 생각이 들었습니다. 아무도 내주지 않았지만 스스로 리스트에 적어놓은 중요한 과제였던 셈이지요.

그때 우연히 《법률저널》의 김주미 기자님을 만나게 되어 신문 지면에 회복적 사법에 관해 대중적인 칼럼을 써보면 어떻겠냐는 제안을 받게 되었습니다. 그리고는 2017년 12월부터 〈임수희 판사와 함께 나누는 '회복적 사법 이야기'〉라는 칼럼을 하나씩 하나씩 숙제하듯이 쓰게 되었습니다.

그렇게 풀어낸 이야기들이 어느덧 스물일곱 개나 쌓였고,

운 좋게도 도서출판 오월의봄과 이정신 편집자님을 만나 이렇게 책으로 다시 여러분들과 만나게 되었습니다. 시작도 못하고 끝나버린 회복적 사법과의 사랑인 줄로만 알았는데, 이제 여러분과 함께 다시 시작해볼 수 있으려나 하고 심장이 두근두근합니다.

당초 제 칼럼은 '이야기'라는 말 그대로 회복적 사법에 관해 어떤 주제를 잡아 이야기를 풀어가는 형식의, 칼럼 아닌 칼럼이었는데요. 마치 독자들이 저의 주변에 둘러앉아 계시고 저는 여러분들 한분 한분과 시선을 맞춰가며 이 얘기, 저 얘기하듯이 글을 썼습니다. 그래서 문어체가 아니라 구어체이고, 어찌 보면 강연체 비슷하기도 합니다.

새로운 필체라 다소 걱정스러웠지만, 저는 어떻게 하면 여러분들께 저의 경험을 나누며 문제의식을 공감받고 또 제가 배운 것들을 아뢰며 여러분들의 생각도 들어볼 수 있을까를 고민하였기 때문에, 일반적이거나 보편적인 스타일과는 거리가 있더라도 이 회복적 사법에 관해 여러분과 이야기를 나누기에 가장 필요한 형식을 취하기로 하였습니다. 감사하게도 《법률저널》에서는 신문이라는 한계에도 불구하고, 제 구어체 문투 그대로, 때로는 비문이 섞여 있을 때도 이를 가감 없이 신문에 실어주셨는데요. 이번에 책으로 내면서는 신문 지면의 한계가 사라지면서 여러분과 더욱 가까이 이야기를 나누는 것처럼 만나뵐 수 있을 것 같아서 기대가 많이 됩니다.

이 이야기는 왜 회복적 사법이 필요한지, 기존의 응보적 형사사법의 한계로부터 출발합니다. 그리고 회복적 사법의 핵심인 '대화'와 그 대화가 펼쳐지는 회복적 사법의 장場들에 대한 소개를 거칩니다. 그런 연후에 본격적으로 형사사법절차의 단계를 따라 경찰, 검찰, 법원 각 단계의 회복적 사법에 관한 현안들을 얘기해봅니다. 마지막으로 우리나라에서 회복적 사법이 형사사법절차에 제도화되었으면 좋겠다는 희망을 말하면서, 결론적으로 다시 응보사법으로 돌아와 그것이 여전히 어떻게 중요한지와 회복적 사법과 어떤 관계를 가져야 하는지를 고민해보면서 마무리짓는 이야기입니다.

하나하나가 이야기이고, 또 그것들이 주욱 이어지는 이야기이며, 전체적으로 하나의 스토리텔링을 가진 '회복적 사법 이야기'입니다. 여러분이 쉽고 편안하게, 재미있고 흥미롭게 즐기실 수 있으면 좋겠습니다. 그러면서 저절로 여러분께서 회복적 사법을 더 깊게 이해하게 되고 그 가치에 대한 공감대가 사회적으로 확산될 수 있기를 슬그머니 기대해봅니다.

각각의 이야기는 주로 실제 재판했던 사건들, 그리고 특히 형사재판 회복적 사법 시범실시사업을 했던 사건들을 가지고 이야기했습니다만, 그 '사건' 이야기를 하는 것이 아니라, 그 케이스를 매개로 '회복적 사법'에 관한 이야기를 하였습니다.

그래서 때론 독자들이 속 시원히 사건 얘기를 안 해줘서 답답하다고들 하시는 걸 들었습니다. 하지만 저는 판사로서 제가 처리했던 사건에 관해 비밀유지의무가 있습니다. 또한 그 사건의 당사자들에게는 자신의 맘 아프고 잊고 싶은 실제 삶의 이야기들일 텐데, 그걸 제가 함부로 말할 수는 없는 것이 당연하고 굳이 자세히 말할 필요도 없는 것입니다. 다만 우리의 형사사법 시스템이 어떤 문제가 있고 어떻게 개선되어갔으면 좋겠는가 하는 것에 관련되는 한도 내에서만, 그리고 그분들이 어떤 어려움과 고통 속에서 어떠한 용기를 내었고 어떤 실천으로 나아가 결국 어떤 결실을 얻을 수 있었는지 그분들로부터 우리가 함께 배우는 선에서만 제한적으로 사건 얘기를 다루었습니다.

여러분이 속 시원히 알고 싶고 궁금해서 답답한 그 지점이 바로, 지켜져야 할 그분들의 소중한 권리의 경계와 맞닿아 있는 지점이라는 걸 이해하신다면 그 어떤 답답함도 따뜻한 이해심으로 바뀌리라 믿습니다.

둘러앉아 이야기하는 강연체의 글인 데다가 주로 제 자신이 의문을 제기하고 질문도 하고 여러분의 생각과 의견을 묻는 식의 내용인 반면, 주장이나 논증은 직접적으로 하지 않은 형식이다보니, 한 편의 글을 다 읽고 났는데도 끝이 난 것 같지 않고 무언가 계속 답답하거나 궁금하고 의문이 떠오르실 수 있습니다.

만약 여러분이 그러하시다면 그것이야말로 제가 기대하고 원하는 바로 그 상태가 되신 겁니다. 한 편과 한 편의 이야기 사이에 떠오르는 여러 가지 생각과 감정을 붙잡고 좀 더 거기 머물러주시면 좋겠습니다. 책은 내려놓고 주변의 가족이나 친구들과 이야기를 나누어주시면 좋겠습니다. 여차하면 저에게 이메일을 보내주셔도 좋을 것 같습니다. 그러시기를 희망합니다.

그래서 본문은 그냥 편안하게 읽히는 이야기의 흐름으로만 쓰고, 여러분들이 생각 또는 토론을 하시는 데 참고가 될 것들, 그리고 궁금해하실 만한 회복적 사법 관련 각종 정보 등은 주석을 통해 소개해놓았습니다. 찾아보시면 도움이 되리라 믿습니다.

자, 이제 회복적 사법 이야기의 여정을 저와 함께 시작해보실까요.

1부 ——————————— **회복적 사법이 소환되다**

1

형사재판,
무엇에 쓰는 물건인고

한 젊은 아빠가 두 친구와 나란히 피고인석에 섰습니다. 잔뜩 긴장한 얼굴에 쭈뼛거리고 어색하게 위축된 모습들이 범죄와는 거리가 멀어 보이는 그저 평범한 청년들이었습니다. 그런데 기소된 죄명은 무시무시하게도 폭력행위등처벌에관한법률위반(공동상해).[1]

2명 이상이 공동하여 상해죄를 저지르면 형법에 원래 정해진 형의 1/2까지 가중하여 처벌하도록 만들어진 특별법상 범죄입니다. 형법상 상해죄가 징역 7년 이하 또는 벌금 1,000만 원 이하니까, 결국 징역 10년 6개월 이하 또는 벌금 1,500만 원 이하에 처할 수 있는 무거운 죄로 기소된 셈이었습니다.

대체 이들에게 무슨 일이 있었던 걸까요.

젊은 아빠는 아내와 불화로 이혼소송에까지 놓이게 되었습니다. 몇 달이 흐르며 아내와 별거를 하게 되고 두 돌이 채 안 된 아이와도 헤어지게 되자, 아이를 데려오기로 마음먹습니다.

어느 날 아이를 보고 싶다고 아내와 연락해 커피숍에서 만납니다. 밖에는 미리 부탁해서 도우러 온 친구들을 대기시켜놓고 말이죠. 젊은 아빠가 아기를 건네받아 안았을 때, 밖에 있던 친구들이 들어와 아기 엄마를 양쪽에서 붙잡습니다. 그 사이 아빠는 아기를 안고 그대로 나가버리죠. 깜짝 놀란 엄마는 붙잡힌 팔을 빼려고 애써보지만 건장한 두 남자를 이기진 못합니다. 손목이 삐고 멍이 든 채 아이를 그대로 뺏겨버립니다.

엄마는 당연히 경찰에 신고를 했고 아빠와 친구들은 입건이 됩니다. 다행히도 젊은 아빠는 곧 후회를 하고 수일 내에 아기를 엄마에게 돌려줍니다. 하지만 이미 자신은 형사 피의자가 되어버렸죠. 멋모르고 도와주었던 친구들과 함께요.

경찰은 어쨌든 아빠가 친권자인 데다가 곧 뉘우치고 아기를 엄마에게 되돌려주었기 때문에, 아기를 데려간 부분은 문제 삼지 않기로 합니다. 하지만 젊은 아빠가 친구들을 시켜서 아이 엄마를 꽉 붙잡고 있다가 손목을 삐게 한 잘못은 2인 이상이 공동하여 상해죄를 저지른 것에 해당되기에, 세 명 모두 저 무시무시한 폭력행위등처벌에관한법률위반(공동상해)죄로 결국 기소되고 맙니다.

이 사건은 제가 부천지원에서 형사재판을 할 때 담당했던 사건입니다. 형사재판은 흉악하거나 파렴치한 범죄자들이나 받는 것으로 흔히들 생각하시지요.

하지만 제가 형사법정에서 만나본 많은 피고인들은, "저는 법 없이도 살아왔는데 어쩌다 지금 이 자리에 있게 됐는지 모르겠어요"라는 말을 합니다.

가만히 듣다보면 고개가 끄덕여지고, 내가 만약 저 상황이라면 저 피고인과 다르게 행동할 수 있었을까, 하는 생각이 종종 들 때가 있습니다. 우리 같은 평범한 사람들도 인생 살다보면 어쩌다 잘못을 하고 형사 입건될 수가 있는 것이지요.

그러나 우리의 형사사법 시스템은 매우 체계적이고 효율적으로 돌아가고 있기 때문에, 저 젊은 아빠가 저지른 한순간의 행위도 국가 형사법 체계에 정확히 포섭되어 경찰과 검찰을 거쳐 법원에서 재판을 통해 규율을 받게 됩니다. 그리고 정해진 형벌에 따라 집행기관이 엄정하게 징역이나 벌금을 집행하는 것에서 피해갈 도리가 없습니다. 이러한 과정을 통해 우리 사회의 전체적인 법 질서와 안전이 유지되고 있는 것이겠지요.

자, 만약 여러분이 판사라면 어떻게 하시겠습니까.

우선 여러분은 이 일이 어떻게 보이시나요? 심각해 보이시나요?

물론이겠지요. 두 돌도 채 안 된 아기를 엄마에게서 빼앗아가다니, 아무리 아빠라 해도 결코 해서는 안 될 행위임이 분명합니다. 남 얘기라도 심장이 떨리고 화가 난다는 분도 계실 거예요. 두 돌도 안 된 아기라면 애착관계에 있는 엄마와 잠깐이라도 강제적으로 떼어놓았다가는 분리불안이 생길 수 있고 분리 과정의 폭력성 정도에 따라 심각한 트라우마도 생길 수 있으니까요. 아기를 뺏긴 엄마는 얼마나 아기가 걱정되고 불안했을까요. 단 며칠이라 해도, 아니, 몇 분, 몇 초라도 정말 견디기 힘들었을 겁니다. 그 엄마와 아기가 겪었을 충격과 공포와 고통을 생각해보면, 정말 심각하고 중차대한 범죄행위라고 하지 않을 수가 없을 겁니다.

그런데 반면에 어떤 분들은 오히려 엄마 쪽에 화가 나시기도 할 거예요. 애당초 아빠도 친권자이고 애아빠인데 대체 왜 아이를 못 만나게 된 상황까지 간 걸까, 얼마나 아이가 보고 싶었으면, 오죽했으면 저렇게까지 했을까, 아빠가 저런 극단적 행동까지 하게 된 데는 아이와 떨어지게 만든 상대방 잘못도 있지 않을까, 라며 엄마 쪽을 탓하는 분들도 계실 수 있을 겁니다.

혹은 그 정도 일은 이혼하는 와중에 충분히 있을 수 있고 양쪽 다 이해가 가는 상황이라고 생각하는 분들도 계시겠지요. 어쨌든 아이가 엄마에게 돌아갔으니 그만하면 됐다고, 다행이라고, 그냥 넘어가도 되지 않겠느냐고 하시는 분들도 계실 수 있을 겁니다.

만약 여러분이 판사라면 이 사건을 어떻게 재판하시겠습

니까. 이 딱한 젊은 아빠나, 친구 따라 강남이 아니라 감옥을 갈지 모르게 생긴 이 친구들에 대해 어떤 형을 선고하시겠습니까. 앞에 말씀드렸듯이 10년 6개월 이하의 징역 또는 1,500만 원 이하의 벌금형 범위에서, 징역형이든 집행유예든 벌금형이든 기소가 되었으니 반드시 재판을 하고 판결이 선고되어야 하는 것이 바로 우리 형사사법 시스템인데, 여러분이라면 과연 어떤 형을 선고하시겠습니까.

여기서 잠깐, 양형위원회의 양형기준을 참고해볼 수도 있겠습니다. 형사재판에서 유·무죄를 가리고 나서 유죄에 대해서는 형을 정해야 하는데, 여기서 '적정한 형을 정하는 것'을 '양형'이라고 합니다.[2]

이 '양형'이 국민의 건전한 법 감정에 기초해서 공정하고 객관적이고 합리적일 수 있도록 2007년부터 양형위원회가 출범하여 범죄유형별로 양형기준을 꾸준히 의결해 공개적으로 제시하면서 형사재판에 참고하도록 하고 있습니다.[3] 양형기준은 그 해설과 함께 상세한 내용이 양형위원회 홈페이지에 게시되어 있습니다.[4]

양형기준에 의하면, 폭력행위등처벌에관한법률위반(공동상해)죄는 '18. 폭력범죄 중 01. 일반적인 상해의 제1유형 일반상해'에 속하는데, 기본이 4개월~1년 6개월, 감경인 경우 2개월~1년, 가중인 경우 6개월~2년입니다.[5]

아이 엄마의 손목 삔 상해는 '경미한 상해'에 해당하여 감경요소가 되고, 젊은 아빠나 친구들의 '진지한 반성', '형사처벌 전력 없음'은 일반/행위자 양형인자 중의 감경요소에도 해당합니다.

아이를 수일 내에 돌려주었기 때문에 적어도 '상당 부분 피해회복된 경우'의 감경요소에도 해당한다고 볼 수도 있는데, 한편 아이가 상해죄의 직접 대상이 아니라는 면에서 아이를 돌려준 것을 피해회복으로 고려하면 안 된다고 하거나, 혹은 아이나 엄마가 그 일로 받은 충격으로 심각한 정신적 후유증 등 피해가 잔존한다면 아기를 돌려준 것만으로 피해회복이 '상당히' 되었다고 보기는 힘들다는 견해도 가능합니다.

반면에 이 사건은 가중요소도 있는데, 일반/행위 양형인자로서 '2인 이상이 공동하여 범행한 경우', '계획적인 범행', 이 두 가지 가중요소에 해당이 되네요.

결국 이 사건은 양형기준상 감경요소도 있고 가중요소도 있는데, 최종적으로 감경영역으로 볼 것인지 가중영역으로 볼 것인지를 그 요소들의 개수에 의할 것인지, 또는 그 내용의 경중에 따라서 달리 볼 것인지 등 어려운 가치 판단 과정을 거쳐야 할 것입니다.

만약 여러분이라면 감경영역으로 보시겠습니까, 가중영역으로 보시겠습니까. 만약 감경영역으로 결론을 내신다면 과연 이 젊은 아빠와 친구들에게 앞서 본 양형기준에 따라 감경인 경우의 징역 2개월~1년 사이에서의 징역형으로 선고를 하실 수 있으실까요.

자, 이제 다시 그 젊은 아빠와 친구들이 서 있던 피고인석과 형사법정으로 돌아가보겠습니다.

첫 공판기일에 그 청년들은 공소사실을 모두 인정하고 잘못을 뉘우치고 있었습니다. 아기도 이미 돌려준 상태였고 다시는 그런 어리석은 행동은 하지 않겠노라고 스스로들 다짐하고 있었습니다. 제출된 수사기록을 증거로 하는 데에 모두 동의하였기 때문에 증거조사절차도 서류로 신속하게 끝났고 재판을 더 할 것이 없었습니다. 한순간 잘못된 행동에 가담하였으나 스스로들 그 잘못을 바로잡은 선량한 청년들에게 판사가 달리 할 말도 없었습니다. 이제 그저 '형을 정해서 선고'해야 하는 절차만 남은 것입니다.[6]

하지만 저는 왠지 그 상태로 재판을 끝낼 수가 없었습니다. 찜찜하기 짝이 없고 뭔가 마무리가 되지를 않았습니다. 혹시 여러분도 지금 머릿속이 그렇지 않으신가요. 뭔가 이게 아닌데 싶고 이상하지 않으신가요.

사실 당시 그 젊은 아빠는 판사 앞이라 잘 참고는 있었지만 꽤나 억울하고 화도 많이 차 있어 보였습니다. 그도 그럴 것이, 이혼소송 와중에 아이와 떨어지게 된 상태에서도 그나마 예전에는 간간이 아이를 볼 수 있었지만, 그 일 이후에는 아이 엄마가 무서워 피하는 바람에 아예 아이를 보지 못하게 되었다는 것입니다. 하지만 형사재판을 받는 처지에 섣불리 행동했다가 자칫 또 신고라도 당하면 무거운 처벌로 이어질까 두렵고, 여전히 진행 중인 이혼소송에서는 이 일로 완전히 불리한 처지에 놓이게 되었으니, 앞으로 사랑하는 아이를 볼 수나 있을까, 아예 못 보게 되는 것은 아닐까, 깊은 절망과 두려움 사이에서 힘들어하고 있었던 것이지요.

여러분이라면 이런 아빠에게 징역을 선고할 수 있으시겠나요. 앞에서 본 감경영역의 가장 낮은 2개월 징역이라도 과연 실제로 선고할 수 있으실까요.

설령 벌금을 선고한다 해도 얼마를 할 것이며, 더구나 앞으로 이혼 재산분할을 해야 하고 양육비를 지급해야 하는 처지의 아빠에게 수백만 또는 수십만 원의 벌금이라는 건 어떤 고통을 의미하게 되는 걸까요.

근본적으로 '형벌'이라는 것이 이 아빠에게 어떤 의미가 될까요. 과거의 잘못은 어쨌든 응보를 받아야 한다는 국가의 준엄한 선언일까요. 그것이 과연 필요할까요. 무슨 의미로, 왜 있어야 할까요. 그 아빠에 대한 형벌이 국법의 집행으로써 국가에게 의미가 있는 것이라면 이 사회에는 어떤 의미가 있을까요. 사회라는 추상적 대상보다, 구체적으로 그 가족에게는 과연 어떤 의미가 될 수 있을까요.

그 아빠는 그 일 이후로 아이도 엄마도 아예 만날 수가 없다면서, 잘 있겠지, 괜찮겠지, 바라기만 하고 있을 뿐, 실제로 어찌 지내는지 알지 못한다고 했습니다. 직접 만나서 사과를 하고 싶어도 만나주지 않는다면서 섭섭함에 분노와 절망을 섞어 재판에서 토로했지요. 그런데 그 말을 통해서 엿볼 수 있었던 사실 하나는, 그 엄마의 상태였습니다.

얼마나 큰 충격을 받았고 얼마나 무섭고 불안하면 아예 아이 아빠의 연락조차 받지 못하고 있을까 하는 것이지요. 아이를 보여주기 위해 아빠를 만났다가 건장한 남자들의 힘으로 눈앞에서 아이를 뺏기는 끔찍한 일을 당했으니, 다시 아이를 데리고 아빠를 만난다는 것은 전혀 엄두가 나지 않았을 것이었습니다. 혹여나 또 그런 일을 당할까 무섭고 불안하여 아이 아빠한테서 오는 전화조차 받지 못하고 있는 상태가 아닐까 어렴풋이 추측이 되었습니다.

만약 그 엄마의 상태가 그러하다면, 형사재판을 통해 아이 아빠에게 징역이나 벌금을 선고하는 것이 그 엄마나 아이에게는 어떤 영향을 주고 어떤 의미가 될 수 있을까요. 아빠를 징역 보내면 갑자기 엄마의 두려움이나 상처가 사라지고 정신적 피해가 저절로 치유될까요. 아빠를 징역 보내 아이와 단절시키면, 정기적으로 아이를 만나서 돌봐주고 사랑을 주어야 할 아빠 역할은 대체 누가 대신해줄 수 있게 될까요. 이혼으로 궁핍해질 것이고 양육비도 벌어서 주어야 하는 아빠에게 국가가 벌금을 매겨 그 돈을 가져가버린다면, 아빠로부터 경제적 지원을 받아야 하는 아이나 엄마는 과연 생계나 생활을 어떻게 유지할 수 있을까요.

아빠가 어리석은 행동으로 아이와의 관계, 그 엄마와의 관계를 파괴해버렸고 그로 인한 고통을 자신뿐 아니라 아이나 엄마 모두 가지게 되었어요. 행위로 인한 결과라는 인과에 따른 고통 속에 이미 한 가족 모두가 놓이게 되었지요. 그런데 거기에 국가가 나서서 그 행위를 새삼 범죄로 규정한 후 그 아빠에게 형벌이라는 또 다른 고통을 가하는 응보를 한다는 게 과연 아이나 엄마에게 어떤 의미를 줄 수 있을까요. 그 응보의 과정이 적법절차와 책임원칙에 따른다 한들, 그것이 이미 고통 속에 있는 아이와 엄마에게 무슨 의미가 되어줄 수 있을까요. 그 관계의 한쪽 끝에서 여전히 고통을 당하고 있고 피해나 상처가 회복되지 않은 상태인데 말이죠. 도움이나 이익은 고사하고 아빠에 대한 형벌로 인해 오히려 아이나 엄마가 더 힘들게 되고 고통이 더 지속되기만 하는 것은 아닐까요.

형사재판과 형벌, 과연 이것들은 '무엇에 쓰는 물건인고'.

이러한 질문들이 바로 '회복적 사법'의 출발점입니다.

제가 여러분들과 앞으로 나누어 가고픈 이야기, '회복적 사법'의 첫 꼭지를 이 안타까운 젊은 아빠 이야기로 시작해봅니다. 이 안타까운 젊은 아빠와 엄마, 그리고 부모 모두로부터 안전한 사랑을 한껏 받아야 할 아이 사이의 아름다운 회복과 다행스러운 결말은 다음 장에서 계속 나누어보시죠.

2

형사처벌,
그것만으로는 부족하다

판사 : 증인은 피고인으로부터 피해회복을 받았는가요.

증인 : 아니요.

판사 : 피고인이 피해회복을 위해 노력한 것이 있는가요.

증인 : 전혀 없습니다.

판사 : 증인은 피고인에 대한 처벌을 원하는가요.

증인 : 네, 법대로 처벌해주시기 바랍니다.

판사 : (앗, 이게 아닌데……)

이런 전개를 원한 것은 아니었지만, 역시나 증인으로 나
온 아이 엄마는 딱딱하게 굳은 얼굴로 '처벌을 원한다'는 답변
을 했습니다. 증인석에 앉아 있는 아이 엄마의 몸은 피고인석
반대편을 향해 저절로 몸이 돌아가고, 할 수만 있다면 더 멀리

떨어지고 싶은 것처럼 눈길을 냉정히 거두어 당겼습니다.

피고인석에 앉아 있는 젊은 아빠 역시 바윗덩어리처럼 굳어서는 고개를 숙이고 긴장과 화가 섞인 눈길을 아래로 내리꽂고 있었죠. 이럴 때의 증인석과 피고인석 사이는 몇 발짝도 안 되는 거리지만 영원히 닿을 수 없는 남극과 북극처럼 갈라져 냉랭한 칼바람이 도는 얼음왕국 같습니다.

아, 이 아이 엄마가 왜 '증인'이냐구요?

아빠가 친구들과 엄마를 꽉 붙잡아두고 아이를 데려가버린 사건에서 그 일을 당한 아이 엄마는 '피해자'가 되는데, 수사단계에서는 '참고인', 재판단계에서는 '증인'이 되는 거랍니다.

그런데 왜 아이는 피해자가 아니냐구요? 장인, 장모도 피해자라구요? 어찌 보면 이용당한 친구들도 피해자라구요? 실상은 아이를 제대로 만나지 못했던 아빠가 도리어 피해자라구요? (네, 실제로 형사재판에서 '피고인 자신이 사실은 피해자'라는 말은 피고인들에게서 정말 많이 나오는 얘기긴 합니다.)

다시 말씀드리지만, 국가 형사사법 시스템은 이 사건에서 친권자인 아빠가 얼른 아이를 돌려주고 반성하자 아이를 데려간 부분은 문제 삼지 아니하였고, 아빠와 친구들, 세 명을 엄마에 대해 공동하여 상해(붙잡고 있다가 손목을 삐게 함)를 입힌 폭력행위등처벌에관한법률위반(공동상해)죄로 기소하였기 때문에, 아빠와 친구들은 피고인이 되었고, 엄마는 피해자로 명

명되어 참고인을 거쳐 증인이 되었으며, 아이는 소위 '공소외' 인이 된 것입니다. 물론 장인 장모든, 시부모든, 그 밖의 사람들은 전부 '공소외'인인 것이죠.

친구들을 시켜 엄마를 붙잡고 있게 한 후 아빠가 두 돌도 안 된 아이를 데려가버린 행위, 이 행위는 사실 여러 법익을 침해한 명백한 가해행위입니다. 기소된 바와 같이 1차적으로 엄마의 신체에 직접적 손상을 입혔는데, 그에 따른 형사재판에서는 엄마의 신체에 입힌 손상을 피해로 보았고 그런 관점에서 이 엄마가 피해자로 취급되었습니다. 물론 정신적 피해도 있지만 이 맥락에서는 단지 신체 손상에 대한 정신적 피해만 직접적 피해인 셈이죠.

그런데 수사와 기소, 재판은 그 전체적인 가해행위와 그 안에 관계된 사람들, 주고받은 영향과 피해, 해악, 그 다양한 역동^{dynamic}을 보지 못하고, 단지 '남자들이 공동하여 피해 여성을 꽉 붙잡아 손목을 삐게 한 행위'에 대해서만 미시적으로 다루고 있을 뿐입니다.

그러나 수사와 기소, 재판을 위해 사건을 형법상 구성요건요소로만 포섭하여 접근하는 시각에서 한번 벗어나봅시다. 이 안타까운 젊은 아빠의 범죄행위, 아니 가해행위가 파괴하고 침해한 것들을 찬찬히 살펴봅시다. 단지 아이 엄마의 삔 손목만이 문제일까요.

두 돌도 채 안 된 아이를 눈앞에서 직접적인 힘에 눌려,

남도 아닌 자기 남편에 의해 강제로 뺏긴 엄마의 충격과 심정은 과연 어떠했을까요. 당해보지 않은 사람은 감히 헤아릴 수조차 없는 것이겠지요.

아직 엄마 품에서 떨어질 수 없는 아기가 강제로 갑자기 엄마와 단절되어 아무리 엄마를 찾아도 만날 수 없고 볼 수 없게 된 상황에서 아이에게 생길 수 있는 분리불안 등 정서적 피해나 아이의 성장과 발달 과정에 미칠 해악은 과연 어떻게 가늠할 수 있을까요.

그런 일을 겪은 아이나 엄마가 다시 정상적으로 그 아빠를 마주할 수 있을까요. 이 엄마가 남편과 이혼하더라도 여전히 아이의 양육을 할 때는 반드시 그 아빠와 협력해야 하는 관계에 있는데, 과연 어떻게 그를 만나고 교류할 수 있을까요. 그런 엄마와 아빠 사이에서 아이는 과연 제대로 된 자아상, 자존감, 다른 사람들과 관계를 정상적으로 맺어가고 유지해나가는 능력을 갖추며 성장할 수 있을까요.

어떤 가해행위가 있을 때, 그 행위가 침해하는 것은 단순히 국가가 금지한 어떤 법 위반에 그치지 않습니다. 아이에게 정신적, 신체적 고통을 준 것과 함께 아이의 성장 과정과 발달 과정에 해악을 미치고, 아이 엄마에게는 신체적 손상과 정신적 충격, 심각한 고통을 준 것입니다. 그리고 이혼을 하더라도 계속되어야 하는 부모자식 관계, 자녀의 양육을 위해 맺어가야 하는 부모 간의 협력 관계가 파괴된 것이고, 이 파괴된 관계가 초래하는 가족 공동체 내에서의 공포와 긴장, 그리고 깨어진 평화와 희망의 부재까지도 생각을 해야 합니다. 이 모든 것을 한마디로 말하면, 여기 관여된 가족 내 모든 사람들의 '삶의 파괴'를 의미합니다.[7]

그런데도 형사재판절차에서 겨우 손목 삔 상해에 대해서만 피고인의 자백을 듣고 속성으로 증거조사를 마친 후 피고인인 아빠에 대해 징역형 또는 벌금형의 결론을 내는 것으로 우리가 도모할 수 있는 것은 과연 무엇일까요.

제가 재판장으로서 직권으로 피해자인 아이 엄마를 양형증인(피고인에 대한 양형요소나 양형인자에 관한 심리를 하는 과정에서 필요한 증언을 듣기 위해 소환되는 증인)으로 소환했습니다만, 서두에 언급한 것처럼 몇 마디 물어보고 답을 듣는 과정에서 확인한 것은 바로 위에 말한 바와 같은, 가해행위가 빚어낸 처참한 피해의 실상과 그 잔존, 그리고 그 책임의 무거움이었습니다.

"법대로 처벌해주시기 바랍니다"라는 말을 들으며 저는 일단 숨을 한번 크게 쉬었습니다.

그리고는 끄덕끄덕하며 천천히 아이 엄마의 마음을 공감해주었습니다. 그때 얼마나 놀랐을지, 얼마나 아팠을지, 괴로웠을지, 걱정되었을지, 불안했을지, 그리고 아이를 돌려받고도 얼마나 화가 났을지, 계속해서 얼마나 불안하고 반복되는 공포를 마주했을지, 그래서 전화도 연락도 아무것도 못 할 만큼 얼마나 두려웠을지, 나아가 얼마나 그 아빠에 대한 원망이 들지, 실망스러울지, 앞으로의 미래가 얼마나 암담하고 답답할지, 얼마나 좌절스러울지, 고통스러울지……. 그래서 아이 엄마의 얼굴이 굳고 일그러지고 저절로 몸이 피고인석으로부터 반대 방향으로 돌아가고 있다는 것을 판사로서 법정에서 잘 보아주고, 잘 들어주고, 잘 알아주어야 했습니다.

그런 시간들이 흐르고 증인인 아이 엄마가 다소 마음이 놓이는지 숨을 내쉬면서 어깨가 툭 떨어지는 것을 보았습니다. 저는 그제서야 피고인인 아빠에 대한 얘기를 섞어 질문을 다시 해보았습니다.

"피고인은 지금 저렇게 고개를 푹 숙이고 있는데, 그 이유는 증인에게 얼굴 들 면목이 없어서일 것으로 생각이 됩니다. 왜냐면 지난 기일에 사실 우리가 재판을 다 끝낸 것이나 마찬가지였는데, 피고인이 너무나 자신의 잘못을 잘 알고 후회하고 뉘우치고 있어서 재판은 더 할 것이 없는 상태였거든요. 피고인은 그 일을 너무나 후회하고 증인이나 아이에게 뭐라 말할 수 없이 미안해하고 있습니다만, 한편으로는 판사인 저에게만큼은 자기가 억울한 것을 들어주기를 원하기 때문에 호소했던 내용들이 있습니다.

피고인은 이혼소송 와중에 아이를 완전히 뺏기고 더 이상 못 보게 되는 것은 아닐까 두려웠다고 합니다. 혼자서 너무나 외롭고 불안하고 아이가 보고 싶었다고 합니다. 그래서 어리석은 생각에 그런 극단적인 방법을 택했지만, 바로 아차! 싶어 아이를 다시 데려다준 것이고, 지금은 내가 왜 그랬을까 되돌리고만 싶고, 아이나 엄마에게 너무나 미안하고 죄스럽다고 합니다. 앞으로는 어떻게든 그 일을 만회하고, 이혼 여부를 떠나서 아이 엄마와 아이에게 정말 잘하고 싶다고, 상처주지 않고 아프게 하지 않고 정말 잘하고 싶다고 합니다.

어떠신가요. 이런 아이 아빠에게 한번만 더, 이 아빠를 위해서가 아니라, 아이를 위해서라도 기회를 주실 수는 없으실까요. 아이가 잘 자라기 위해서도 좋은 아빠가 정말 필요하지요. 아이를 위해서라도 피고인이 좋은 아빠 역할을 할 기회를 주실 수는 없으실까요."

자신의 어리석은 행위가 초래한 가해의 실체를, 증인석에서 고통스럽게 토해내는 엄마를 통해 뼈아프게 마주하게 된 아이 아빠도 어느새 자신의 알량한 분노보다는 그 엄마의 고통에 연동되어 얼굴이 상기되었고, 피고인석에서 직접 아이 엄마에게 처음으로 제대로 된 사과를 하였습니다. 자기가 정말 잘못했고 정말 미안하다고 덩치 큰 남자가 눈물을 삼켜가며 한마디씩 말을 이었습니다.

그 모습을 보는 아이 엄마도 눈물을 훔치더군요. 그리고 피고인석에 초라하게 앉아 있는 아이 아빠에게 연민이 생기는 것 같았습니다. 단지 이 재판에서 자기가 어떤 형을 받느냐의 문제를 넘어서서 앞으로 이혼을 당하고 아이로부터도 완전히 단절될까 봐 두려움과 불안에 떠는 한 인간의 모습이 그제사 눈에 들어오는 것 같았습니다. 아이 아빠가 건넨 사과의 진정성과 그가 내보인 진심 어린 속내에서 생겨난 동정과 연민은 아이 엄마에게 다시 약간의 신뢰가 피어날 마음의 공간을 넓히고 있었습니다.

사실 누구보다도 그 아빠를 믿어보고 싶은 것은 아이 엄마가 아니겠나요. 아이를 위해서라도 아빠가 괜찮은 사람이고 앞으로 잘할 수 있을 거라는 걸 누구보다도 기대하고 믿고 의지하고 싶은 사람이 바로 아이 엄마일 테니까요.

극적으로 그날 증인신문의 마지막 말은 결국 "피고인에 대한 처벌을 원하지 않습니다. 선처해주시기 바랍니다"로 바뀌게 되었습니다.

'극적으로'라는 말을 써서 묘사할 장면은 사실 영화에서나 보는 것이지 실제 재판에서는 거의 보기 힘든 일입니다만, 아마도 이 젊은 아빠와 엄마는 정말 좋은 분들이었던 것 같습니다. 어찌어찌 꼬이고 꼬여 그 자리까지 오게 되어 증인석과 피고인석에 나뉘어 앉게 되었지만, '극적으로' 서로의 진심을 알 수 있게 되었습니다. 그리고 서로의 진심에 연결될 기회가 생기자 '극적으로' 서로 마음을 여는 용기를 내었고 사과와 용서를 하였습니다. 나아가 이들은 중요한 과제를 해결하기 위해 대화를 이어가겠다는 마음까지 내었습니다.

중요한 과제가 뭐냐구요? 당면해 있는 이혼소송을 잘 처리해야 했고, 무엇보다도 이혼 후에도 이어질 아이 양육을 위한 상호 협력관계를 어떻게 정립할지가 아이의 건강한 성장을 위해 당장 해결할 문제였지요. 아이를 안정적으로 엄마가 돌보면서도 아빠는 어떻게 양육비 지급이나 면접교섭을 지속적

으로 평온하게 해나갈지 잘 의논하기로 한 것입니다.[8]

제가 정말 놀란 것은 그날 공판이 끝난 이후였습니다. 얼마 후 가사재판 담당하는 판사님이 찾아와 소식을 전해주었어요.

"판사님! 아이 탈취 사건에서 아이 엄마 증인신문하신 적 있으시다면서요? 그 사건 이혼소송이요, 글쎄 당사자들끼리 합의를 잘 해와서 조정으로 원만하게 끝났어요! 그 이혼사건, 본소·반소[9] 있고 양육 문제까지 걸려 있어 고민이 많이 되었던 사건인데 여러모로 다행이에요!"

형사재판의 다행스런 결말이 이혼사건의 원만한 마무리로 이어지다니, 아이가 엄마와 안전하고 평온하게 살면서도 아빠와도 잘 만나고 사랑도 듬뿍 받으며 잘 자라게 되는 건 당연하겠죠?

아, 형사재판 선고는 어떻게 되었냐구요? 어떻게 되었을까요?

양형요소 중 '진지한 반성', '실질적 피해회복' 이 두 가지가 확실히 이루어졌고, 게다가 관계가 회복되어 재범가능성도 없었지요. 종합적으로 법익 침해 상태가 거의 완전히 해소된 셈이어서 굳이 국가가 나서서 형벌을 가할 필요성이 희박해 보였습니다. 아! 참, 그리고 경제적으로도 국가에 낼 돈은커녕 당장 아이 양육비로 한 푼이 급한 형편이었어요. 결국 할 수 있는 한 가장 낮은 벌금형으로 선고를 했습니다. 공판검사도 양형이 낮다고 항소하지는 않아서 그대로 확정이 되었구요.

자, 어떠신가요. 응보적 사법^{retributive justice}과 구별되는 회복적 사법^{restorative justice}의 맛을 살짝 보셨는데요. 앞으로 저와 함께 계속해서 회복적 사법 이야기를 나누어보고 싶은 마음이 드시는지요. 다음 장에서는 이어서 '피해자'로 이름 붙여지는 사람들 이야기로 좀 더 들어가보겠습니다.

3

형사사법체계에서
피해자의 자리

"분양권에 투자하면 두 달 안에 큰 수익이 나는 타운하우스가 있는데, 5,000만 원만 투자해보세요. 그럼 두 달 안에 틀림없이 이익금 1,000만 원과 함께 원금 5,000만 원도 돌려줄게요."

자신을 분양대행업자라고 소개한 김씨한테서 5,000만 원 투자하면 두 달 만에 6,000만 원을 만들어주겠다는 얘기를 들으며, 최씨는 속으로 신중, 또 신중을 기하자고 되뇌었습니다. 최씨에게는 마침 최근에 받은 퇴직금 5,000만 원이 있었는데, 그게 전 재산이었기 때문이죠.

최씨는 평생 험한 바닷일을 해오며 돈을 벌어 처자식을 부양해왔어요. 고생해 힘들게 번 돈이지만 그걸로 자식들 공부 가르치고 출가까지 다 시켰지요. 퇴직금 5,000만 원이 손에 쥔 재산의 전부였지만, 이젠 자식들도 다 키웠고 더 이상 바다에 안 나가도 되어서 남부러울 것은 없었어요. 앞으로 퇴직금 5,000만 원 가지고 어떻게든 또 열심히 살면 자식들 신세야 지겠나, 노후 대비만 잘된다면 더할 나위 없겠다 싶던 참이었거든요.

최씨는 진짜 확실한 투자처가 맞는지 김씨 말을 꼼꼼히 따져보려고 했어요. 번듯한 부동산 사무실에서 만난 김씨는, 그 타운하우스는 유명 건설회사가 짓는데 입지가 좋아 수익성이 아주 좋다며 그럴듯한 서류를 잔뜩 보여주었습니다. 최씨는 사실 평생 바닷일 밖엔 아무것도 모르고 살아왔기에 부동산이나 분양권에 대해서는 잘 몰랐어요. 특히 '타운하우스' 같은 말은 처음 들어봐 낯설었지요. 더구나 평생 월급만 따박따박 받고 살아와서 '투자' 같은 것도 잘 몰랐습니다.

하지만 부동산 사무실에서 그럴싸해 보이는 서류를 내밀며 유창한 말로 친절하게 하나하나 설명해주는 김씨에게 왠지 신뢰가 갔어요. 게다가 그 부동산 사무실을 운영하는 이소장과는 평소 알고 지낸 사이인데, 이소장이 직접 소개해준 사람이니 믿어도 되겠거니 하는 생각이 들었지요. 5,000만 원을 투자해서 두 달 만에 6,000만 원이 된다니, 목돈을 가진 사람들은 이렇게 돈을 버는구나, 나도 이제 그렇게 돈을 한번 벌어볼 수 있겠구나, 기대도 부풀었습니다.

얼른 먼저 투자를 해야 이 좋은 기회를 다른 사람에게 뺏기지 않는다는 김씨의 말까지 듣게 되자, 김씨가 나를 이렇게까지 생각해주는구나 하고 고마워하며, 최씨는 그날로 퇴직금 5,000만 원을 은행에서 뽑아 김씨에게 줍니다. 아니, 정확히는 이소장을 통해 전해달라는 김씨 말에 따라 이소장에게 돈을 주게 되었습니다.

자, 만약 여러분이 최씨라면 어떻게 하셨을까요? 김씨 말을 듣고 투자를 하셨을까요? 에이, 말도 안 되는 소리라구요? 5,000만 원이 두 달 만에 6,000만 원이 되는 투자 같은 건 믿을 수 없는 말이라구요? 그런 말에 혹할 리가 없다구요? 글쎄요, 사실 한때 소위 타운하우스 붐인 때가 있었지요. 투자를 해서 재미를 본 사람도, 손해를 본 사람도 있었습니다.

이 사건은 약 10년 전에 있었던 어떤 '사기' 사건입니다. 네, 유감스럽게도, 최씨는 '사기' 사건의 피해자가 되고 말았습니다. 최씨는 두 달이 아니라 1년이 지나도 수익 1,000만 원은커녕, 1,000원 한 장도 받지 못했어요. 수익은커녕, 원금도 돌려받지 못했지요. 게다가 알고 보니, 최씨뿐 아니라 다른 두 사람의 피해자가 더 있었고, 다 합치면 3억 7,000만 원이 넘는 돈을 김씨가 받아가서는 약속한 대로 돌려주기는커녕, 나중에는 연락도 잘 안 되는 지경에 이르게 되었습니다.

그럴 줄 알았다, 너무나 허황되지 않으냐, 또는 수익이 난다고 믿을 근거가 하나도 없지 않았느냐, 피해를 당하는 게 당연하다, 라고 생각하시는 분들이 계실 수 있습니다. 저 역시 처음에 공소장을 보고서는, '어떻게 이런 허술한 말을 믿고 덜

컥 큰돈을 줄 수가 있지?'라는 생각이 없지 않았습니다. 하지만 그 당시 최씨가 경험한 현실 속에서는 그것이 그렇게 선명하지가 않았습니다.

처음 돈을 줄 때 김씨 말이 워낙 '확실하다'고 한 데다, 김씨가 두 달 후 약속한 돈을 주지 않을 때도 그럴듯한 이유를 대며 조금만 기다리면 된다고 했습니다.

그런데 그 '된다, 된다' 하며 차일피일 미뤄지던 날이 어느새 1년이 훌쩍 넘게 되었습니다. 그래도 최씨는 내 돈이 어디 가겠나 싶었죠. 게다가 들어보면 너무나 그럴듯한 변명이라 최씨로서는 믿고 기다려주지 않는 자신이 오히려 사업에 무지하고 이해심이 없다고까지 느껴질 정도였습니다.

그렇게 김씨를 믿어보다가 2년이 다 되어가게 되니, 아차 싶어 더 못 견디고 고소를 하게 됩니다. 최씨와 다른 피해자들이 고소하고서도 다시 수사에 1년 반이 걸렸고, 이후에 재판도 거의 2년 넘게 이어졌습니다. 대법원까지 갔냐구요? 아닙니다. 고작 1심 재판하는 데만도 2년을 훨씬 넘긴 거예요. 그러니까 김씨가 돈 받아간 지 거의 5년이나 되어 비로소 1심 재판에서 사기의 유죄 판결이 나느냐 마느냐가 고작이었던 겁니다.

김씨가 변명으로 차일피일 변제를 미루다가 고소를 당하고서도 자신은 결코 사기를 친 게 아니라고 펄쩍펄쩍 뛰면서 부인을 하니, 수사도 오래 걸리고 재판도 오래 걸렸던 것입니다. 최씨 입장에서는 김씨 변명을 들으면 또 그럴듯하게 들리고, 무엇보다도 최씨에게는 천금 같은 돈이었기에 그 돈을 되찾고 싶은 마음에 정말 그 말이 사실이기를 바라며 믿고 싶기도 했습니다. 그러나 수사 결과 거짓이 밝혀지면 김씨는 또 다른 말로 둘러대고 다시 거짓이 밝혀지면 또 다른 말로 둘러대고, 그렇게 시일이 흘러가며 수사가 길어졌고, 기소가 된 후에도 최씨가 극구 부인하며 다투니, 공판에서 그 증거조사를 하느라 관련자들을 한 사람 한 사람 다시 불러 증인신문을 해야 했기 때문에 시일이 엄청나게 소요된 것입니다. 증인의 주소가 바뀔 수도 있고 증인이 안 나오기도 하기 때문에 여러분이 상상하는 것처럼 증인을 한날 전부 불러서 한꺼번에 재판이 딱 끝날 수 있는 그런 것이 아니거든요. 재판이란 것은 여러 관여자들이 함께 얽혀 진행되는 것이어서, 지지부진 지연될 수 있는 상황이 늘 있는 법이기도 하고요.

이러한 상황에서 과연 피해자는 언제 자신이 '피해'를 당한 것이라고 인지하게 되는 것일까요. 과연 언제부터 아, 내가 결국 '피해자'구나, 라고 인식할 수 있게 되는 것일까요.

문명화된 현대 국가들은 대부분 민사와 형사가 구분된 사법체계를 가지고 있고, 형사사법체계에서는 수사권, 기소권, 재판권을 분리해서 운용하고 있습니다. 분립된 권력으로서의 국가기관들이 각각 수사, 기소, 재판에 관한 권한을 나누어 가지고 있으면서, 국가가 정한 법을 어긴 피고인들에게 그 저지른 행위에 정확히 상응하는 만큼의 형사책임을 지우도록, 공정하면서도 피고인의 인권침해를 막기 위한 정교한 형사사법 시스템을 가지고 있는 것이지요.

즉, 이 사건에서 김씨는 타인의 재산을 편취해서는 안 되는 국법을 어겼다는 혐의를 받아 수사기관이 수사를 한 후, 기소권한을 가진 검찰이 사기죄를 저지른 자로 주장해 기소함으로써 피고인이 되었습니다. 그다음 재판권한을 가진 법원에 의해 적법한 절차에 따라 재판을 받고 판결이 확정된 때에야 비로소 최씨의 퇴직금 5,000만 원을 사기 친 형사책임자로 확정되는 것입니다.

최씨요? 최씨는 전 재산 5,000만 원을 떼인 채로 전전긍긍하는 세월을 2년 가까이 보내다가 '고소인'이 되었고, 수사가 진행되는 1년 반 동안에는 '참고인'으로 조사를 받았으며, 형사재판에서는 '증인'으로써 김씨의 범죄사실 입증을 위한 증거의 하나였을 뿐입니다.

1년, 2년 김씨 변명만 들으며 세월을 보낼 때 피가 바짝바짝 마르고 잠도 안 오고 도대체 어찌된 영문인지 알 수가 없었지만, 그렇다고 김씨를 찾아가서 물어보고 따지는 것 외에, 진상을 조사, 즉 수사를 해볼 수 있는 권리가 최씨에게는 사적으로 주어지지 않습니다. 그렇기 때문에 돈 날린 장본인인 당사자임에도 고소 후에 단지 '참고인'으로 '조사를 받'으며 법이 허용하는 일정한 범위 내에서만 수사 결과에 접근할 수 있고, 나아가 기소·불기소에 관해서는 거의 전적으로 기소권자의 처분을 기다려야만 하는 처지에 있는 것입니다.

형사재판에서도 마찬가지입니다. 피고인에게는 법정에서 불리한 진술을 거부하거나 이익되는 진술을 충분히 할 수 있는 권리가 주어지는 동안, 최씨는 그저 '증인'으로써 경험한 사실관계를 증언할 수 있을 뿐이었습니다. 게다가 유죄 판결이 선고된다고 해서 피해자에게 피해금이 반환되는 것도 아니죠. 형사재판과는 별도의 민사소송절차에서 피해금에 대한 손해배상청구를 해야 합니다.[10] 만일 민사소송에서 불법행위를 원인으로 한 손해배상청구권을 주장하게 된다면, 사실 김씨의 불법행위 성립 여부가 결국 형사재판 결과에 달리기 때문에 형사재판 결과가 나오기 전까지는 민사재판도 진행이 어렵게 됩니다. 우여곡절 민사 판결문을 받는다 해도 판결문 뒤에 돈을 붙여서 원고에게 보내주는 것이 아닐뿐더러, 강제집행이라는 절차를 별도로 거쳐야 합니다. 허나 김씨처럼 말뿐이고 아무런 재산이 없는 사람은 결국 강제집행을 당할 재산이 없기 때문에 민사 판결문이라는 것도 무용할 수 있습니다.[11]

사실 수사 결과 밝혀진 내용은 참담했습니다. 분양권이 있다고 큰소리쳤던 김씨는 '그' 유명 건설회사랑은 아무 관계가 없었고(물론 유명하지도 않았고요), 분양대행회사에게 청약증거금조로 1채당 5,000만 원씩 2채 값을 다른 선투자자들로부터 받았던 돈으로 내고서, 3순위까지 청약 미달된 경우에만 분양을 받게 해주겠다는 약속만 받은 상태였습니다.

그런데도 '분양을 받게 해주겠다' 또는 '많은 분양 수익금을 주겠다'면서 최씨를 비롯한 3명으로부터 3억 7,000여 만원이나 받아가서는, 이를 건설회사나 분양대행회사 어느 곳에도 지급하지 않았고(지급할 이유도 없었지요), 김씨 개인채무 변제나 사업운용자금 등의 용도로 써버렸던 것입니다.

그나마 분양대행회사도 분양실적 저조로 최씨가 돈을 지급한 시기로부터 약 1달 지난 무렵 건설회사로부터 분양대행계약을 일찌감치 해지당하였고, 건설사 역시 분양승인 자체가 몇 달 후에나 났다가 지지부진한 사업진행으로 결국 공사조차도 중단되어버렸습니다.

김씨는 재판에 이르기까지 계속해서 '자력이 있다' 또는 '사업해서 돈을 벌고 있다'고 주장했지만, 그 말이 사실이라고 믿을 수 있는 자료는 없었습니다.

이러한 상황에서도 김씨는, 절대 거짓말을 하지 않았고 자신의 투자금 반환 약속은 진실한 것이라고 법정에서까지 강하게 다투었습니다. 최씨의 돈은 '직접' 받지 않아 책임이 없다고도 주장했는데, 결국 밝혀진 내용은 다른 피해자에게서 받은 돈 중 1,500여 만 원을 이소장에게 소개비조로 주었고, 이소장은 최씨 돈 5,000만 원을 받아서 김씨가 지시한 대로 김씨의 채권자에게 송금하였다는 것이었습니다.

그러한 사실들이 밝혀지기까지, 수사기관은 관련자들을 일일이 소환해서 조사하고 금융자료 등을 전부 확보해서 대조해야 했으며, 법정에서는 김씨가 피고인으로서 공소사실을 부인하며 증거 '부동의'를 하니, 형사소송법상 공판중심주의와 직접주의에 기초한[12] 증거조사의 원칙인 전문법칙[13]에 따라, 법원이 다시 또 그 사람들을 전부 불러 법정에서 선서하고 다시 진술시켜야 했기에 1심 재판만도 2년 넘게 지속하게 된 것입니다.

여기서 여러분들 중에는 이러한 사기 피해자들은 '자기 욕심 때문에 피해를 당한 것이니 별로 동정할 필요가 없다' 또는 '자기가 잘 알아보고 투자하지 못한 책임은 스스로 져야 한다'와 같은 생각을 가지는 분들이 계실 겁니다.

그렇습니다. 통상 피해자들은 왜 피해를 당했느냐는 비난에 직면합니다. 그런 비난을 남이 하지 않더라도 자기 스스로가 자신을 질책하는 마음이 듭니다. 아차! 싶은 바로 그 순간부터 스스로 자신을 향해 끊임없이 비난하는 마음이 드는 것이지요. 대체 왜 그랬어! 왜 돈을 준거야! 왜 바보같이 철썩 믿어버린 거야! 왜 바보같이 제대로 알아보지도 않았어! 왜 그렇게 급하게 돈을 보내버린거야! 하며 말이지요.

형사재판부로 발령을 받고 사건을 넘겨받아 재판 준비를 하면서 이미 한 2년 넘게 진행 중에 있던 이 사건의 기록을 읽어보다가, 저는 기록에서 김씨 기소 후 꾸준히 제출된 최씨의 진정서가 어느 순간 사라져버린 것을 발견하게 되었습니다. 대신 최씨의 아들이 낸 진정서가 있었지요. 아버지가 목을 매어 자살을 했다며 김씨를 엄히 처벌해달라고 읍소하고 있었습니다.

돈은 한 푼도 돌려받지 못한 채 지지부진 재판만 2년이 되어가자 더 견디지 못한 최씨는 스스로를 가장 가혹한 방법으로 비난하였고, 전 재산을 어이없이 날린 뼈아픈 책임을 스스로 자기 자신에게 물어버리고야 말았던 것입니다.

4

피해의 회복과
피해자의 목소리

"피해자의 유족으로 이 자리에 나와 계신데, 혹시 법정에서 하고 싶은 말이 있으십니까?"

방청석에 앉아 있는 최씨의 아들에게 공판에서 정식으로 발언할 기회를 주기 위해 재판장 권한으로 물었습니다.

최씨는 평생 바닷일로 번 전 재산인 퇴직금 5,000만 원을 두 달 안에 이익금 1,000만 원과 함께 돌려주겠다며 타운하우스 사업에 투자하라는 김씨 말을 믿고 전부 주었다가 영영 돈을 돌려받지 못한 채, 긴긴 기다림 끝에 고소, 수사, 그리고 지지부진한 재판이 이어지는 동안 끝내 자살을 하고만 사기 피해자가 되었습니다.

최씨의 안타까운 자살, 그 원인은 무엇이었을까요.

한 사람이 자살에 이르게 되는 데에는 정신의학적, 심리학적, 사회학적으로 여러 복합적 원인이 있을 터이고, 담당 판사에 불과한 저야, 단지 수사기록과 공판기록을 통해서만 피해자 최씨를 접했을 뿐 얼굴 한번 본 적 없기에, 최씨가 왜 그런 극단적 선택을 했는지는 알 길이 없었습니다. 하지만 그래도 담당 판사로서 그 기록들을 보면서 떠오른 한 가지는, 최씨 죽음의 한가운데 있는 '책임'의 문제였습니다.

김씨는 최씨에게 두 달 안에 이익금 1,000만 원을 합쳐서 투자금 5,000만 원을 돌려주겠다고 약속했지만, 두 달이 아니라 두 해가 지나도록 차일피일 미루기만 했고, 고소 후 다시 수사에 1년 반, 재판에 2년, 결국 5년여 긴 시간이 흐르는 동안 최씨 돈을 단 한 푼도 돌려주지 않았습니다.

피의자의 권리, 피고인의 권리로써 절차를 보장받으며 수사와 재판이 이어지는 동안 김씨가 해온 변명과 방어의 중심에는, 아쉽게도 '진실을 말하기'보다 '책임의 전가'가 있었던 것 같습니다. 자신에게 불리한 내용은 일단 부인하고, 그다음 손쉽게 핑계 댈 수 있는 것에다 둘러대고, 진상이 밝혀지면 다른 것을 둘러댔습니다.

그러면서 자신의 '행위'로 인해 자신이 져야 할 '책임'에 대해서는 바로 보려 하지 않고, 상황이나 여건, 그리고 숱하게 다른 사람들의 탓으로만 끊임없이 피해의 책임을 돌렸습니다. 중간에 최씨를 소개해주고 돈 심부름을 해준 이소장을 탓하기도 했습니다. 심지어는 피해자를 탓하기까지 하며, 왜 이소장 말만 듣고 돈을 주었냐고 오히려 최씨를 타박했습니다. 자기가 소개비를 주고 이소장을 시켜 최씨로부터 돈을 받아 자기 맘대로 써놓고는, 돈 준 최씨에게 왜 돈을 주었냐니. 말문이 막힐 지경이었죠.

오래되고 두꺼운 수사기록과 공판기록(새 임지에 발령받고 형사재판장을 맡게 되어 넘겨받은 사건들 중 가장 오래된 사건이었을 겁니다. 이미 2년을 넘겨 공판이 계속되고 있었지요)을 한 장 한 장 넘겨보면서 '아니, 최씨는 그런 책임전가적인 김씨의 언행을 대체 어떤 심정으로 대하며 그 세월들을 지나왔던 것일까' 하는 갑갑함과 안타까움이 밀려왔습니다.

그리고 피해자가 자기 피해에 관해 그 가해를 한 당사자에게 제대로 책임을 물을 수 없을 때, 피해자는 과연 어떻게 그 피해를 회복하고자 하겠는가 생각해보게 되었습니다.

최씨는 오랜 기간 기다리다 고소를 하고 나서도, 수사와 재판이 지리하게 이어지는 동안 가해자 김씨가 발뺌하는 모습만 보았지 피해를 전혀 구제받지 못했고, 좌절감에 초조해지자 중간에 소개한 이소장을 상대로 민사소송을 하기도 했습니다. 그 과정에서 헷갈렸는지 가해자인 김씨한테 도리어 미안하다 말하기까지 하였습니다.

최씨는 김씨가 말로만 갚겠다 하면서 돈은 갚지 않은 채로 끊임없이 책임을 전가하고, 심지어 피해자인 자신에게까지 책임을 전가하며 수년간 수사와 재판을 받는 것을 지켜보면서, 세상에 나를 도와줄 사람이 없고 이 원통함을 국가에 하소

연해보았자 아무런 도움도 받을 수가 없구나, 하는 절망감에 빠졌을 터입니다. 그렇게 긴 기간 수사와 재판에서 김씨의 책임전가적 변명만을 계속 듣다보니, 최씨는 대체 누가 잘못을 했고 누가 책임을 져야 하는지 스스로도 알 수 없게 되어버렸을 터입니다.

일평생 바다에서 고생하며 살아왔는데, 이제 다 늙어 남은 재산이라곤 퇴직금뿐인데, 그걸 일순간 몽땅 날리게 되다니, 도저히 용서할 수 없다고 생각하였을 것입니다.

용서할 수 없다니, 그럼 누구를? 대체 누구를 용서할 수 없는 것인가?

도저히 용서할 수 없는 그 뼈아픈 책임을 누구에게 물어야 하는지, 수사와 재판이 길어지면서 그것을 도무지 알 수 없었던 최씨는, 아니 그 책임을 물을 곳을 아무 데서도 찾을 수 없게 된 최씨는, 결국 그 책임을 스스로 자기 자신에게 가장 가혹한 방식으로 물어 제 손으로 목숨을 끊어버린 것이 아닌지.

오래도록 굴려지며 두꺼워진 수사기록과 공판기록 안에서 들려오는 최씨의 대상 없는 원망 서린 목소리는 담당 판사인 저의 마음에도 괴롭게 울렸습니다.

공판을 열심히 준비했는데, 막상 피고인 김씨는 또 무슨 사정을 대며 기일에 출석을 못하겠다고 공판기일변경신청서를 냈습니다. 2년이 넘어가고 있는 재판은 거의 막바지에 있었고 그간 힘들게 이어온 증거조사도 거의 마무리 단계에 있었습니다. 무죄추정 및 불구속재판의 원칙이 있지만 한편으로 피고인의 신병이 확보되어야 재판이 진행되고 나아가 유죄 판결 후 차질 없는 형 집행이 가능할 때가 있습니다. 그런 관점에서 볼 때 피고인의 태도는 도주 우려를 의심케 했습니다. 형사재판에서 자신에게 불리한 결과가 나올 것을 예상하는 피고인들이 판결선고기일에 이르러 기습적으로 불출석하며 종적을 감추는 예는 종종 있으니까요.

저는 다음 공판기일 준비를 신중하게 하면서, 미리 피해자들에게 연락하여 법정에 나오도록 했습니다. 물론 죽은 최씨를 대신해서 진정서를 낸 최씨 아들에게도요.

다음 공판기일에 피고인 김씨는 출석을 했고, 그날 증거조사절차를 신중하게 모두 마무리했습니다. 미리 연락을 받고 법정에 출석한 피해자들에게 하고 싶은 말을 할 기회를 한 사람씩 주었습니다. 그리고 마지막으로 최씨 아들에게 아버지를 대신해서 법정에서 하고 싶은 말이 있으면 하도록 했습니다. 이 장을 시작한 첫 장면이 바로 그것이었습니다.

"아버지의 죽음이 억울하지 않도록 피고인을 엄벌에 처해주십시오."

솔직히 저는 그때 최씨 아들이 무슨 말을 했는지 잘 기억이 나질 않습니다만, 위와 같은 취지의 말을 짧게 하면서 굳은 얼굴과 건조한 표정으로 서 있던 그 모습만큼은 지금도 또렷합니다.

최씨 아들의 말이 끝나자, 그 자리에서 김씨에 대해 마지막 공판을 앞두고 도주 우려가 있음을 들어 김씨를 법정구속하였습니다. 최씨 아들과 다른 피해자들은 법정에 앉아서, 교도관들에게 구속되어 들어가면서도 억울하다고 소리치는 김씨의 뒷모습을 보았습니다. 그날 이후 신속히 진행된 판결선고기일에 김씨에 대한 유죄 판결과 징역형의 선고가 이루어졌습니다.

김씨 구속 후 최씨 아들은 재판부에 감사하다는 편지를 보내왔습니다. '감사'하다니! 그 편지를 읽는 내내 가슴이 저미고 최씨에게 죄송스럽기만 했습니다. 피해자는 이미 세상을 등졌는데, 사기 피고인을 구속시킨 것이 무에라고 법원이 염치도 없이 감사를 받겠습니까. 왜 이리 늦었냐는 질책을 받아도 면목이 없을 판에 감사라니요. '엄히 처벌해달라'던 진정서를 받았을 때만큼이나 '감사'라는 글씨가 쓰인 편지를 받아들고서 가슴에 바윗덩어리가 얹힌 듯이 오랫동안 마음이 무거웠습니다.

형사사법제도란 것이 가해자의 법익 침해에 대한 형사책임을 절차적으로나 실체적으로나 적정하게 물어서 법익을 보호하고 사회를 보호하며 사회질서를 유지하는 데에 그 기능을 제대로 다해야 하는 게 당연합니다만, 그것으로 족한 것이 아니라 바로 그 범죄의 피해로 인해 고통받는 피해자가 피해를 제대로 회복받고 적절히 구제될 수 있도록 기능해야 마땅한 것이 아니겠습니까.

형사소송법의 대원칙인 피고인의 인권 보장을 위한 수사에 있어서의 적법절차 원칙, 공판에 있어서의 무죄추정 원칙과 그에 기반한 불구속 수사·재판원칙 및 공판중심주의, 이자체는 아무리 강조해도 지나침이 없는 것입니다. 하지만 이사건에서 피고인인 김씨가 수사 및 재판 과정에서 위와 같은권리들을 보장받으며 차고도 넘치게 방어의 기회를 누리는 동안, 어찌하여 피해자인 최씨는 피해 당사자임에도 철저히 객체적, 수동적 입장에만 놓여 있다가 비극적인 결말을 맞게 되어버린 것인가, 대체 무엇이 문제인가, 하는 의문이 강하게 남았습니다.

여러분 생각에는 어떠신가요.

수사든 재판이든 형사절차에서 피고인의 인권 보장은 절대 놓쳐서는 안 될 중요한 대원칙입니다. 인류 역사상 숱하게흘려온 억울한 피 위에서 문명국들의 헌법과 법률로 하나씩세워온 결코 포기해서는 안 될 중요한 형사절차상 대원칙이바로 피고인의 인권 보장입니다.

하지만 그 과정에서 실제 피해 당사자인 피해자가 객체적, 수동적 지위로 전락해서는 안 되고 피해의 회복이나 구제의 적절한 시기를 놓쳐서도 안 되지 않겠습니까.

피고인의 인권 보장과 피해자의 구제 내지 피해회복, 이두 가지를 모두 제대로 도모하고 실현해낼 수 있는 형태로 형사사법절차가 구성되고 운용되어야 하지 않을까요.

이 사건에서 제가 최씨 아들을 비롯한 피해자들로 하여금 '법정'에서 '말'하도록 한 것에는 중요한 의미가 있습니다.

피해자가 재판에서 진술할 권리를 실현시킨 것인데요. 우리나라는 1987년 헌법 개정으로 헌법 제27조 제5항에 "형사 피해자는 법률이 정하는 바에 의하여 당해 사건의 재판절차에서 진술할 수 있다"고 헌법상 권리로 규정해놓고 있습니다. 그리고 우리 형사소송법 제294조의2에서 원칙적으로는 증인신문 방식으로 피해자의 재판절차진술권을 보장하고 있습니다.

이 사건의 경우 최씨 아들을 비롯한 피해자들이 재판절차진술권을 행사하겠다고 신청한 것은 아니었습니다. 하지만 재판장으로서 다음과 같은 이유들에서 피해자들이 법정에서 말하도록 하는 것이 필요하다고 판단했습니다.

첫째, 2년 정도 이미 공판이 진행된 사건을 넘겨받아 공판절차를 갱신[14]해야 하는 입장에서 단지 기록상 증인신문조서에 기재된 글을 읽는 것으로써만이 아니라 간단하게라도 직접 피해자들의 진술을 면전에서 듣고 사안의 실체를 확인해볼 필요가 있다고 여겼습니다. 둘째, 유·무죄 여부의 심리와 양형의 심리절차가 분리되어 있지 아니한 우리 형사소송절차에서,[15] 유·무죄 심리를 마무리하는 증거조사절차 말미에 피해자들의 말을 직접 들어서 범죄의 결과와 피해의 내용, 피해회복 정도, 피고인의 피해 회복 노력이나 태도 등 양형요소를 확인할 필요도 느꼈기 때문에,[16] 증거조사 마무리 기일에 피해자들을 법정에 불러 그에 관해 진술토록 하였던 것입니다.

그리고 한 가지 또 중요한 이유는, 최씨의 경우 다른 피해자들보다 피해금액은 작았지만 그 돈이 삶 전체에 미친 타격이 컸고 결국 삶 전체가 무너지게 되어 목숨까지 잃게 되었기 때문입니다. 그러니 적어도 유족인 그 아들의 입을 통해서나마 법정이라는 공식적인 자리에서 '피해자의 목소리'를 낼 수 있게 함으로써 최씨와 그 유족의 목소리가 법정에서 피고인에게, 그리고 국가와 사회에 들려지도록^{to be heard} 하는 하나의 과정이나 절차^{procedure}랄까 또는 하나의 의식^{ritual}이랄까, 그러한 과정을 통해서 가해자의 사과나 금전 배상 같은 수준과도 궤를 달리하는 다른 차원의 치유와 피해회복을 도모하고자 했던 것입니다.

피해자가 피해를 말한다는 것, 즉 가해행위로 인해 어떤 피해를 입었고 그 피해가 삶에 어떤 영향을 끼쳤는지, 그 결과가 어떠한지, 그러한 피해가 회복되기 위해 자신에게 무엇이 필요한지, 그래서 자신이 무엇을 원하는지, 그에 관해 '피해자 자신이 자기 입을 열어 자신의 목소리로 말을 한다는 것'. 이것은 여러 가지 측면에서 복합적 의미를 가지는데, 무엇보다도 그 과정에서 피해자 자신이 그 내부에서 피해로부터 해방되며 피해의 치유가 일어납니다. 즉, 피해자 자신이 내적으로 피해로부터 자유로워지고 그럼으로써 그 상처와 고통이 치유되는 큰 의미에 우리는 주목하지 않을 수 없습니다.

뒤늦게나마 법정에서 피해자의 목소리를 낼 수 있게 함으로써, 그렇게라도 저는 최씨와 그 유족들의 피해회복에 도움이 되기를 바랐습니다. 그럼에도 이 사건에서 최씨의 사망이라는 비극적 결과는 되돌릴 수 없고 최씨가 사기당한 돈이 그런다고 돌아오는 것도 아니었지요. 그런 한계가 주는 답답함이 저로 하여금 그 이후에도 지속적으로 현 형사사법제도의 한계 지점들에 대해 여러 생각을 하게 만들었습니다. 나아가 '회복적 사법'이라는 패러다임에 실제적인 관심을 갖도록 한 계기가 되었던 것 같구요.

　이어지는 장에서 '피해자가 말하는 것'과 '피해자의 목소리를 듣는 것'에 관해 좀 더 이야기를 나누면서 본격적인 회복적 사법 이야기로 들어가보겠습니다.

　아, 참! 최씨가 사기당했던 5,000만 원은 그 후 결국 일부나마 회복이 되었습니다. 김씨가 구속되고 징역형을 선고받은 후, 항소심에서 감형받기 위해 유족들에게 3,000만 원을 지급하고 합의를 했거든요.

　최씨의 사망을 생각하면 3,000만 원밖에 돌려받지 못한 것은 안타깝고 아쉬운 결과이긴 하지만, 3,000만 원이 아니라 설령 3만 원이 되었더라도 그것은 최씨의 피 같은 돈이고 유족들에게라도 돌아가야 마땅한 최씨의 피해금입니다. 김씨가 구속되었으니 그나마 일부라도 돈을 갚은 것이겠지요? 응보 사법이 잘 작동하는 것 자체가 회복적인 기능을 하는 면이 있다는 것을 보여주는 지점입니다. 비록 한계가 있을지언정 말이죠.

5

피해자가 재판에서
말한다는 것

"양심에 따라 숨김과 보탬이 없이 사실 그대로 말하고 만일 거짓말이 있으면 위증의 벌을 받기로 맹세합니다."

영화나 드라마에서 보신 적이 있으시죠? 형사재판정에서 증인이 손에 들고서 엄숙히 낭독하는 선서서입니다. 왠지 모를 비장감마저 드는 멋진 표현이지만, 영화나 드라마 작가들이 지어낸 말이 아니라, 형사소송법 제157조 제2항에 못박아 둔 선서서 문구입니다. 그 내용 그대로, 증인이 선서한 후에는 증언에 거짓이 있으면 위증죄로 처벌될 수 있습니다. 위증죄는 증인 선서의 효과인 셈이지요.

범죄피해의 당사자임에도 피해자는 범죄 수사와 공판에서 주체적 지위에 나서지 못하고, 범죄자와 국가 사이의 대립 구도에 밀려서 단순히 증인(공판 단계에서의 지위, 수사 단계에서의 지위는 '참고인')이라는 증거방법[17]에 불과한 지위에 있게 됩니다. 이러한 피해자의 형사소송상 지위의 한계와 관련하여, 앞서 이야기를 나누었는데요.

증인으로 법정에 선다는 것은 그 선서서의 문구마저도 명확히 법에 규정해놓은 것에서 알 수 있듯이, 매우 엄격한 증거조사의 절차와 방식을 따른다는 뜻입니다.[18] 피고인의 인권침해를 방지하고 방어권을 보장하기 위한 설계하에서 말이지요.

즉, 피해자의 진술은 피고인의 유죄 입증을 위해 필요한 내용을 위주로 신문되고, 그 외에는 설령 피해자가 하고 싶은 말이라 하더라도 부수적이거나 무용한 것으로 취급되기 십상입니다. 게다가 피고인에게는 피해자를 반대신문할 기회를 주게 되지요. 반대신문으로 피해자의 진술을 탄핵해서 그 신빙성을 흔들어놓음으로써, 피고인의 방어권을 행사하도록 보장하는 것입니다. 이러한 세팅하에서 피해자는 자신이 하고 싶은 말을 제대로 충분히 하기가 쉽지 않습니다.

우리 헌법은 제27조 제5항에서 "형사피해자는 법률이 정하는 바에 의하여 당해 사건의 재판절차에서 진술할 수 있다"고 피해자의 재판절차진술권을 명료하게 규정하고 있습니다.

이 규정이 처음부터 있었던 것은 아니고 1987년 헌법 개정 당시 비로소 들어왔어요. 1987년 헌법 개정을 통해 적어도 우리 헌법은 피해자를 단순히 증거방법이나 조사대상 내지 객체로 보는 시각을 명시적으로 벗어났다고 할 수 있지요. 피해자에게도 재판절차진술권이라는 사법절차적 권리를 헌법상 기본권으로 보장했다는 것은 사법절차상 피해자의 지위가 차원을 달리하여 격상된 것이라 말할 수 있습니다.

그런데 저는 왜 서두에 증인 선서 얘기를 꺼내면서, 피해자가 마치 증인의 지위에만 머물러 있는 것처럼 얘기했을까요.

헌법이 비록 피해자의 재판절차진술권의 근거를 명료하게 마련했지만, '법률이 정하는 바에 의하여' 보장하도록 그 실질적 구현을 법률로 넘겼는데요.[19] 막상 그 법률 개정을 위해 1987년 형사소송법에 신설한 제294조의2에서는, 범죄피해자의 신청이 있는 때에 그 피해자를 '증인으로 신문하여야 한다'라고 정함으로써, 피해자가 재판절차에서 진술하는 원칙적인 방식을 '증인신문' 방식으로 정하였기 때문입니다.

그리고 피해자가 증인신문 방식으로 재판절차에서 진술할 때 "당해 사건에 관한 의견을 진술할 기회"를 주도록(제294조의2 제2항) 하였습니다만, 피해자가 이미 당해 사건에 관하여 공판절차에서 충분히 진술하여 다시 진술할 필요가 없다고 인정되는 경우(제294조의2 제1항 제2호)와 피해자의 진술로 공판절차가 현저하게 지연될 우려가 있는 경우(제294조의2 제1항 제3호)는 진술 기회를 주지 않아도 되도록 예외규정을 두고 있고, 동일한 범죄사실에서 신청인이 여러 명인 경우에도 진술자의 수를 제한할 수 있도록(제294조의2 제3항) 제한을 두고 있습니다.

다행히 2007년 형사소송법 개정을 통해 제294조의2 제

2항은 피해자가 "피해의 정도 및 결과, 피고인의 처벌에 관한 의견, 그 밖에 당해 사건에 관한 의견을 진술할 기회"를 주도록 개정되었습니다만, 여전히 피해자의 진술 방식은 증인신문이라는 방식을 원칙으로 고수하고 있습니다.

다시 한번 정리하자면 우리 헌법은 피해자가 '재판절차'에서 '진술'할 수 있도록 하고 있는데, 이를 실현할 법률인 형사소송법에서는 단지 '증인'으로서만 '신문'할 수 있도록 해 증인신문절차 내에서만 의견을 진술할 수 있게 정하고 있다는 것입니다.

이것은 과연 타당한 입법일까요?

피해자를 증인 내지 증거조사 객체의 지위에서 끌어올리고자 했던 1987년 헌법의 취지와 의도에 부합하는 수준이라고 할 수 있을까요. 형사재판절차에서 진술할 수 있는 참여적이고 주체적인 사법절차적 지위를 피해자에게 충분히 보장하고 있다고 할 수 있을까요. 과연 헌법이 규정한 피해자의 진술할 권리를 실질적으로 충분히 구현하고 있는 법률 규정이라고 할 수 있을까요.

여러분 생각은 어떠신가요.

이러한 문제에 관하여 법원은 입법기관이 아니라는 한계에도 불구하고, 자체적으로 피해자의 재판절차에서의 권리를 헌법의 취지에 맞게 보장해야 한다는 논의를 해왔습니다. 그리고 2015년에 형사소송규칙을 개정하여 피해자의 재판절차

진술권을 충실히 보장하고자 하는 규정을 두었습니다.

형사소송규칙이라는 것은 형사소송법의 하위 규범인데요. 법적성질은 대법원규칙으로서 법원이 자체적으로 정한 소송절차에 관한 규율이라고 보시면 됩니다. 그렇다고 법원이 임의로 정한 것은 아니고, 헌법에 규정된 대법원 규칙제정권에 근거를 두고 있는 것이지요. 헌법 제108조에 대법원은 법률에 저촉되지 아니하는 범위 안에서 소송에 관한 절차, 법원의 내부규율과 사무처리에 관한 규칙을 제정할 수 있다고 규정되어 있습니다.

2015년 형사소송규칙의 개정으로 신설된 제134조의10에서는, 피해자가 신청한 경우뿐 아니라 '필요한 경우 법원 직권으로도' 피해자에게 진술할 기회를 줄 수 있고, 형사소송법 제294조의2 제2항에 정한 사항으로서 범죄사실의 인정에 해당하지 않는 사항에 관하여 '증인신문에 의하지 아니하고도' 의견을 진술하게 할 수 있도록 하였습니다.

다시 말하자면, 피해자는 원하는 경우 형사재판에서 자신의 피해의 정도와 결과, 피고인의 처벌에 관한 의견, 그 밖에 그 사건에 관한 의견을 증인신문 또는 증인신문 외의 방식으로 법정에서 진술할 기회를 가지는 것입니다. 비록 법률이 아니고 대법원규칙인 형사소송규칙으로써나마 구체적으로 보장하게 된 피해자의 재판절차진술권의 내용입니다.

어떠신가요. 이 정도면 피해자에게 충분한 재판절차진술

권이 보장되었다고 할 수 있을까요, 아니면 아직 많이 부족할까요.

혹은 형사소송규칙은 대법원규칙에 불과한데 법률에 저촉되지 아니한 범위 내에서 규율해야 함에도 상위법인 형사소송법보다 일견 권리의 범위를 넓게 규정한 것이니 위법한 규칙인 걸까요.

아니면 더 상위법인 헌법에 반하지 않을 뿐 아니라 오히려 헌법의 취지를 잘 살린 것이니 위법의 문제는 없고, 오히려 형사소송법이 헌법의 취지를 충분히 살리지 못하고 있는 문제를 앞으로 해결해야 하고 개정도 필요하다고 할 수 있을까요.

이 이슈는 논란의 여지가 있고 토론 및 연구의 필요성도 크며 향후 법제도적으로 절차를 개선해나가야 하는 매우 중요한 문제인데요.[20]

예컨대 만약 성폭력 등 민감한 사안의 재판에서 재판부가 이 형사소송규칙 규정에 따라 직권으로 피해자에게 증인신문 방식에 의하지 아니한 진술 기회를 주었다고 상상해봅시다. 그 피해자가 막상 법정에 나와서는 너무나 생생하게 당시의 피해 상황과 그 결과 잔존하고 지속되고 있는 고통에 대해 절절히 진술을 하면서 피고인을 엄벌에 처해달라는 간곡한 탄원을 하였다고 칩시다. 그리고 그 결과가 양형에 반영되어 결국 피고인이 상당한 중형을 선고받게 되었다고 합시다.

이때 만약 그 피고인이 피해자가 신청도 하지 않았고 법정에서 증인신문 방식에 의하지도 아니한 진술절차는 형사소송법에 근거가 없으므로 위법한 것이라고 주장하고, 또한 피고인에게는 피해자 의견 진술 과정에서 증인신문에서와 같은 반대신문권이 주어지지 않았으므로 피고인의 정당한 방어권을 침해한 것이라고 주장하면서, 그러한 위법한 절차에 의한 재판결과가 반영된 중한 양형 역시 위법하므로 1심 판결이 취소되어야 한다고 항소한다면, 그 항소는 받아들여져야 할까요?

피해자도 재판에서 진술할 기회를 보장받아야 한다는 헌법상 권리가 충분히 실현되어야 한다는 과제, 형사재판은 피고인의 유죄 여부와 양형을 적법한 절차에 의하여 정하는 것이어야 하고 그 과정에서 피고인의 인권이 부당하게 침해당하거나 행위책임의 원칙을 넘는 형벌을 가해서는 안 된다는 대원칙, 이 양자를 조화시키는 게 쉽지 않겠다는 것을 여러분도 느끼셨으리라 봅니다.

현재 우리 사회와 국가가 그 두 과제를 조화롭게 모두 성취해나가기 위한 여정에 있다는 것도 아실 수 있으시리라 보고요. 아울러 그 큰 두 가지 과제를 이루기 위해 해결해야 할 하위 과제들과 문제들이 많다는 것도요.

그런데 여러분, 피해자가 재판에서 말해야 하는 것이 꼭 필요하고 또 이미 헌법상 권리로까지 선언되었는데도, 그 구체적 실현이 쉽지 않고 고려해야 할 요소나 쟁점이 많은 이유가 과연 무엇일까요.

피해자가 '말하는' 장場인 '재판'이라는 것의 본질과 목적이 결국은 피고인을 처벌할 것인가 여부, 처벌한다면 얼마나 어떻게 처벌할 것인가를 정하기 위한 절차라는 근본적인 한계가 있기 때문은 아닐까요.

피해자가 재판이라는 절차에서 어떤 말을 어떻게 하더라도 결국 그 귀결은, '그래서 피고인을 처벌할 것인가, 중하게 처벌할 것인가, 약하게 처벌할 것인가'라는 결론 외에는 도달점이 없기 때문은 아닐까요.

혹시라도 우리가 재판의 목적과 기능을 달리 설정하여, 피해자가 '말하는' 것을 단지 피고인에 대한 처벌 유무 및 형의 양정의 자료로 삼기 위해서가 아니라, 피해자가 말하는 자체로써 그의 상처를 치유할 기회가 되게 할 수는 없을까요. 피고인 역시 피해자의 말을 탄핵하거나 반대신문을 하기 위해 듣는 것이 아니라, 자신의 행위로 인해 피해자가 어떤 고통을 받았는지 알기 위해 듣고 이를 피해자에게 진정으로 공감할 기회로 만들 수는 없을까요. 피고인이 피해자의 말을 경청하고 그에 공감하여 피해를 회복시키고 자발적 책임으로 나아가게 하는 새로운 공간으로써 재판절차를 열어갈 수는 없을까요.

2부 ——————————— 회복적
사법이
만드는

대화의
광장

6

회복의 마법이 일어나는
대화의 자리

여러분은 혹시, 일단 그 얘기가 시작되면 멈출 수가 없이 자기도 모르게 계속해서 하게 되는 그런 얘기가 있으신가요?

여러분 자신이 아니라도 주변에 아는 사람 중에, 아! 그 사람은 그 얘기만 나오면 한 30분은 혼자 계속 그 얘기만 하더라, 끝날 때까지 다 들어주지 않으면 얘기를 끊을 수가 없더라, 하는 사람이 있지는 않으신가요?

사람이 어떤 충격적인 경험을 하게 되면, 그 충격의 내용과 정도에 따라 차이는 있지만, 보통은 누군가에게 그 얘기를 하고 싶어지지요. 한 번으로 끝나지 않고 자꾸 반복해서 얘기하기도 하구요. 어떤 경험은 일생토록 되풀이해서 꺼내고 또 꺼내게도 됩니다.

저 어려서부터 저의 할아버지께서는 고장 난 카세트처럼

늘 하시던 얘기가 있었어요. 일제 때 징용 끌려가셨다가 목수인 것처럼 행세하고 기지를 발휘해 살아 돌아오신 얘기, 6·25때 장사하다가 사기를 당해서 고생했던 얘기. 무슨 말씀을 하시다가도 나중에는 깔때기처럼 결국 거기로 수렴되어 그 얘기들이 시작되곤 했지요. 할아버지께서 돌아가시기까지 진짜 수백 번도 더 들었을 겁니다.

아마도 전쟁이라는 특수한 환경, 자신의 생명이나 가족의 생존이 위협당하는 극한의 공포와 불안에 직면해 있었던 트라우마틱한 상황이었기 때문이 아닐까 싶어요. 제가 느끼기에는 마치 할아버지의 뇌에 화석처럼 그 기억들이 각인되어버린 것 같았어요. 그러다 무슨 계기만 주어지면 고장 난 카세트테이프 돌아가듯이, 다시 시작하고 다시 시작하는 스토리들이었지요.

경우에 따라서 어떤 트라우마틱한 경험은 스스로 말로 꺼내기는커녕, 자기 안에서 그 경험의 기억을 마주하는 것조차 힘들어서 회피하거나 부인하고 때론 심한 마음의 병이 되기도 합니다. 자기가 스스로 말로 꺼내고 반복해서 말할 수 있는 정도의 얘기는 가족이나 친구, 동료, 이웃의 도움으로 일상생활에서 풀어내고 털어내며 앞으로 나아갈 수 있습니다만, 마음에 큰 상처나 병으로까지 되어버린 경우에는 의사나 상담가와 같은 전문가의 도움에 의해서야 비로소 마음 깊은 곳에 각인된 상처를 발견하고 꺼내고 치료하는 것이 가능해질 수 있지요.

이렇게 우리는 누구나 크고 작은 피해의 경험과 상처가 있고 때론 낫지 않은 채 끌어안고 사는 장해 같은 것들이 있을 수 있습니다. 그러한 피해의 경험과 상처를 극복하거나 치유하고 앞으로 나아가기 위해서는 '그 경험을 말할 필요'가 있는 것 같습니다. 가족이나 친구, 이웃, 우리를 사랑하는 사람, 우리의 말을 들어주고 이해해주는 사람, 말이 다 끝날 때까지 잠자코 끄덕이며 받아줄 수 있는 우리 주변의 따뜻한 사람들에게, 더 나아가 우리도 잘 모르거나 말하기 싫은 마음 깊은 곳의 이야기를 알게 해주고 또 말할 수 있도록 도와 마음을 가볍게 해줄 수 있는 전문가들에게 말이죠.

프로이트^{Sigmund Freud}가 《정신분석강의》에서 했던 말이 떠오르네요. 서로 대화를 나누는 것 외에 다른 아무것도 하지 않는다 하더라도, 언어란 원래 마법과 같은 것이다! 언어를 통해서 다른 사람을 행복하게 만들 수도 있고, 저주로 내몰 수도 있기 때문이다. 언어란 감정을 불러일으키고 사람들 사이에 영향을 줄 수 있는 가장 일반적인 수단이라고 했던 말들이요![1]

지난 5장에서 우리가 다룬 것은 바로, 피해자의 재판절차 '진술권'이었는데요. 피해자의 사법절차적 기본권 중에 헌법에까지 명시해서 보장하는 가장 기초적이고 중요한 것이 바로 이 '말할 수 있는 권리'라는 것, 참으로 놀랍지 않습니까.

'피해자는 말할 수 있어야 한다'는 것이 이렇듯 중요하고 또 그 권리가 헌법에까지 보장되어 있지만, 앞에서 보았듯이 우리의 현재 형사사법 시스템의 구조상 피해자의 말할 수 있는 권리를 실질적으로 구현하는 데에는 한계가 있습니다.

범죄피해자는 자기 안에 범죄 결과로 인한 피해를 담고 있어 그로 인한 고통을 겪고 있으므로 당장 이를 해결하거나 극복해야 하는 삶의 과제를 떠안게 되는데, 한편으로는 국가의 형사사법 시스템 내에서 단지 국가에게 가해자(피고인)의 행위에 관해 보고하는 기능적 존재로써만 취급될 우려가 있다는 것입니다.

즉, 피해자의 재판절차진술권은 헌법상 보장된 피해자의 사법절차적 권리임에도 불구하고, 피해자가 하고 싶은 말을 충분히 하기에는 한계가 있다는 논의인 것이지요.

다시 말하지만, 피해자는 자신의 피해 경험을 말할 기회를 가져야 하는데! 하고 싶은 말을 하고 싶은 만큼 반복해서 할 필요가 있고, 강조하고 싶은 부분을 강조해서 말할 수 있어야 하며, 자신에게 가장 강렬했던 어떤 감정과 경험을 두서없이 또는 장황하게 충분하고도 제한 없이 말할 수 있어야 하는 것인데!

설령 어떠한 이유로 재판결과상 무죄로 결론이 난다 하더라도,[2] 피해의 고통을 호소한 피해자의 피해 감정 그 자체는 피해자 안에 실재하는 것이므로 이를 여과없이 토로함으로써 치유되어야 할 현실적 필요가 있는 것인데!

국가 사법시스템의 재판절차에서 증인으로 취급되는 피해자는 절차적 제한과 한계 안에서 자기가 하고 싶은 말을 충분히 하기가 어렵다는 것입니다. 국가와 가해자(피고인) 간의 대립구도를 근간으로 하는 형사재판에서 피해자는 증인으로써 국가가 피고인을 처벌하는 데 필요한 정보를 제공해주는 효용을 다하는 것 외에는 가치가 없다는 한계 때문에요.

오히려, 행여라도 피해자의 과장된 감정이나 왜곡된 기억 등의 여과 없는 보고로 인해, 피고인에게 책임원칙을 넘어선 형사처벌의 위험을 가하여 피고인의 인권을 침해하는 결과를 초래하면 안 되기 때문에 일정한 선을 넘어선 피해자의 진술들은 철저히 배제되기까지 합니다. 원칙적으로 피고인은 설령 실체적으로 가해자가 맞더라도 유죄 판결이 확정되기까지는 무죄추정의 원칙에 따라 철저히 절차를 보장받기 때문입니다.

비록 피해자의 진술 내용이 과장이든 왜곡된 것이든, 피해자 내적으로는 분명 범죄피해의 결과로 잔존하게 된 것이기 때문에 그 피해를 극복하거나 치유하기 위해서 그러한 경험담의 진술이 제한 없이 이루어질 필요가 있다 해도 말입니다.

피해자 편에서 볼 때 필요한 말을 필요한 방식으로 충분히 할 수 있도록 열려 있는 구조의 대화는 과연 현재의 사법절차와는 양립할 수 없는 것일까요. 그것이 반드시 사법절차 밖에서만 이루어져야 하는 필연적인 이유가 있을까요. 프로이트를 인용하며 보았듯, 언어의 마법으로 연결과 치유, 반성과 책임이 가능하게 되는 대화는 사법절차 내에서는 구현할 수 없는 것일까요.

왜 그럴까요. 재판도 가만히 보면 그 안에서 일어나고 있는 것은 단지 오가는 '말'들뿐인데요.

사랑하는 가족 사이에서 오가는 것과 내담자와 상담가 사이에서 오가는 것이 단지 말들뿐인 것처럼, 재판에서 판사와 검사, 피고인, 그리고 증인 사이에서 주고 받고 오가는 것 역시 말들뿐임에도, 어째서 저 말들로는 연결과 치유가 일어나고, 이 말들은 도리어 더 마음을 굳게 하거나 화를 불러일으키고 나아가 더 상처를 주게도 되는 것일까요. 재판에서는 종종 후자의 상황이 순식간에 벌어지곤 합니다.

법정에서도 재판에서 흐르는 그 말들이 가능한 한 연결과 치유로 나아가게 할 수는 없을까요.

사랑하는 가족이나 친구, 상담하고 치료해주는 상담가나 의사는 피해자의 말을 수용하면서 공감적으로 들어줍니다. 반면 법정에서 피해자가 말을 할 때 그 말을 듣는 판사는 과연 저 말이 맞는가, 틀린가 판단하고 증거에 의하여 뒷받침되는가 검증하며 듣고, 피고인은 한술 더 떠서 그 말에 혹시 허점이 없나, 공격할 거리가 없나, 설령 진실이라 하더라도 그 신빙성을 무너뜨려 유죄 증거로 절대 쓸 수 없도록 망가뜨릴 방법이 없나를 찾으며 듣지요. 그런 상황에서 피해자가 말해야 한다면 과연 제대로 말할 수 있을까요. 아니, 말을 하고 싶을까요.

현재의 국가 대$^{vs.}$ 피고인 대립 구도의 형사재판절차 안에서 피해자에게 '공감적 경청과 연결의 대화'를 찾아준다는 것은 애당초 미션 임파서블은 아닐까요.

네, 참 답하기 어려운 주제입니다. 여러분과 함께 한 발씩 나아가보고 있는 이 여정에서 앞으로 우리가 같이 그 해답을 찾아보아야 할 것 같습니다.

이제 여기서 우리가 잠깐, 이 답답한 사법절차의 바깥으로 나가서, 과연 그런 대화의 자리가 있는지, 사회 내에서 사법절차 밖에서는 어떤 형태로 있는지, 우리 공동체 내에 존재하는 그러한 대화의 자리는 과연 어떤 것인지, 한번 둘러보는 건 어떨까요.

제가 얼마 전에 가보았던 '공동체 대화' 모임을 여러분께 소개해드리는 것을 시작으로 하고 싶은데요. 그 공동체 대화 모임에서 만났던 좋은 선생님들을 소개해드리고, 학교폭력으로 극심한 고통을 겪었던 한 청년이 어떻게 공동체 안에서 사회적 공감을 통해 아픔을 극복하고 앞으로 나아가고 있는지, 다음 장에서 계속해서 제가 만난 아름다운 분들의 이야기를 나누어보겠습니다.

7

새로운 세계를 창조하는
'공동체 대화'

"학교폭력 때문에 학생들이 죽어나가는 기사를 볼 때마다 미칠 것 같습니다. '나도 저렇게 죽었으면 좋겠다'는 생각이 들기도 합니다. 피하지 말고 내 일이 아니라고 외면하지 말고 피해자들이 더 이상 죽어나가지 않게 꼭 도움 좀 부탁드리겠습니다."

학창시절 초·중·고 10여 년간 친구들로부터 집단 따돌림과 폭행을 당했다는 한 청년이 청중들 앞에서 떨리는 목소리로 띄엄띄엄 말을 이었습니다.

도움을 요청해도 학교나 경찰의 보호를 받지 못하고 오히려 보복을 당했다, 수도 없이 자살 시도를 했었다, 후유증과 트라우마로 너무나 괴롭다는 청년의 말에 섞여, 장내에는 청중들의 훌쩍이는 소리가 들렸습니다.

학교와 경찰에 대한 원망 어린 말들의 여운이 아직 돌고 있는데, 한 선생님이 말을 꺼내기 시작합니다.

"피해학생 진술서를 읽으면 기가 막히고 마음이 먹먹해져서 돌덩이가 얹힌 듯합니다. 하지만 가해학생, 아니 '관련학생'이라고 해야죠. 관련학생도 최대한 중립적으로 대하고 사실을 밝혀야 합니다. 말 한마디도 조심해야 하고 복잡한 학폭법 작은 조항 하나 소홀히 할 수가 없습니다. 잘못하면 양쪽에서 격렬한 항의를 받으니까요. 나는 '나 같은 학폭 담당 교사는 학폭 처리과정에서 학교에 서운한 것들을 받아내는 총알받이가 아닐까, 아프다⋯⋯' 하는 생각이 많이 듭니다."

목이 메는지 한동안 말을 잇지 못했던 선생님은 다시 뜨문뜨문 입을 엽니다.

"결국 아무것도 해결된 것이 없습니다. 피해학생 상처도 그대로, 가해학생 삶도 그대로입니다. 그러면 나는 왜 이 일을 하고 있는 것일까요."

선생님의 탄식 어린 말과 함께 청중들도 한숨을 토해냈습니다. 옆에 앉은 아까 그 청년이 오히려 이 선생님을 위로의 눈빛으로 바라봅니다.

이어서 한 경찰관이 말을 시작합니다.

"학교전담경찰관을 하면서 아무리 강한 처벌도 가해자가 생기는 것을 막지 못한단 걸 알게 되었습니다. 처벌이 피해자에게 실질적 도움이 되지도 않는단 것도요. 그런데 어찌 보면 교육 전문가도 아니고 상담 전문가도 아닌 경찰의 오지랖이 선생님들의 역할을 침해하는 월권을 저지르는 게 아닌가 싶고, 또 어설픈 상담으로 오히려 아이들에게 해를 끼치지 않나 우려도 됩니다. 학교폭력 사건에 경찰이 개입하기보다 학교 선생님들과 학생들, 학부모들 사이에서 교육적으로 아이들을 상담하고 지도하면 좋겠습니다."

모두가 어느새 그 경찰관의 말에 끄덕끄덕하고 있었습니다.

지난 2017년 12월 어느 토요일 아침, 뺨이 탱탱 얼도록 찬 공기를 맞으며 찾아간 공동체 대화 모임 자리에서 저의 얼었던 뺨은 참을 길 없는 눈물로 벌겋게 부풀었습니다.

하기 어려운 얘기를 어렵게 어렵게 용기 내어 말해준 이야기 손님들.

한 청년과 한 선생님, 한 경찰관, 그밖에 초대된 분들과 그 얘기를 들으러 와주신 청중들. 그 속에는 선생님들, 학생들, 학부모들, 그리고 저 같은 참관자들도 있었습니다.

서로 상반되고 대립된 입장에 놓인 분들임에도 용기를 내어 자신의 이야기를 들려주었고 거기 모인 청중들 모두 마음을 열고 그 이야기를 들었습니다. 각자 갈등의 각 반대편 끝에 서로 멀리 있을 만한 입장이라 하더라도, 각자 자신의 자리에서의 솔직한 마음을 내어놓고 자신의 아픔과 고통을 꺼내어 보여주자, 입장 차이와 잘잘못은 잠시 접어두고 옳고 그름을 넘어서서 그 아픔에 서로 연결이 되었습니다.

학교와 경찰을 원망하던 청년도, 무력감에 지친 선생님도, 역할갈등으로 혼란스러워 하던 경찰관도, 그 자리에 함께 있던 학생들, 선생님들, 학부모들, 우리 모두가 서로의 아픔과 아픔에는 쉽게 연결이 되었습니다. 원인 분석과 대안 마련, 정책 제안 같은 논쟁과 토론을 하는 것이 아님에도 오히려 서로의 마음에 연결된 그 자리에서 우리는 새로이 함께 다시 시작해볼 차분한 마음이 생겼습니다.

학교폭력으로 아이를 잃었다는 한 어머니가 청중석에서 일어나, "눈을 마주치고 자세를 낮추고 피해자의 말을 잘 들어주는 것부터 해주세요. 사람의 고통은 논리로 해결되지 않아요."라고 말하자, 그 공간에 있던 사람들 모두 마음을 다독이고 누군가는 반성도 하며 각자 또 같이 새롭게 잘해봐야겠다는 마음을 먹는 것 같았습니다.

'대화가 세계를 창조한다'고 한 오토 샤머Otto Scharmer의 말에 영감을 얻고,[3] '학교폭력 문제를 왜 당사자인 피해자를 빼놓고 행정가들끼리 모여 얘기하느냐'는 피해자 어머니의 질책에 정신이 번쩍 들어 이 공동체 대화 모임을 시작하게 되었다고, 박숙영 선생님은 말합니다.

박숙영 선생님은 좋은교사운동[4] 산하 회복적생활교육센터[5]를 맡아 일하고 계신데, 이런 공동체 대화 모임을 2016년 12월 무렵부터 시작해서 그 당시 7차까지 해왔다고 하더군요. 좋은교사운동뿐 아니라, 갈등해결과대화,[6] 에듀피스,[7] 한국회복적정의협회[8] 같은 단체의 좋은 분들과 함께요.

여러분은 이런 단체들을 들어본 적이 있으신가요? 이런 대화 모임을 들어본 적이 있으신가요? 혹시 참여해보지는 않으셨나요?

우리나라에도 민간 시민사회 영역에서, 학교에서, 그리고 마을에서 '회복적 정의Restorative Justice' 활동을 하는 분들과 단체들이 있습니다. 'Restorative Justice'라는 용어는 서양에서 학자들과 활동가들이 들여왔는데, 회복적 사법司法 또는 회복적 정의正義로 번역해서 쓰이고 있습니다.

'회복적 사법Restorative Justice'은 2000년대 초반 무렵부터 피해자학이나 형사법학 학자들이 들여왔습니다만, 시민사회 영역에서는 그와 별도로 평화운동 내지 평화적 갈등해결을 모색하는 활동가 단체나 조정가 양성 단체 등이 '회복적 정의Restorative Justice'라는 용어하에 활동하고 있으며 네트워킹도 되어 있고, 학교나 직장, 기관 등 지역사회 내에서 뿌리를 내려가고 있습니다.

여러분이 저와 만나 함께 이야기하고 있는 '회복적 사법', 이번 장은 그 일곱 번째 이야기인데요. 그동안 사법절차 또는 재판절차가 피해자의 지위나 피해회복이라는 측면에서 얼마나 한계가 있는지, 또 가해자인 피고인 입장에서도 그 온전한 책임과 사회복귀(회복)라는 측면에서 얼마나 한계가 있는지를 함께 살펴보았습니다.

그래서 이미 말씀드린 것처럼 이번 장부터는 그 답답한 사법절차의 밖으로 나와서 이 사회 안에 또 우리 공동체 안에 진정으로 회복의 마법이 일어나는 대화의 자리가 과연 있는지, 어떠한 모습들로 있는지 보기로 하였었지요.

그 첫 순서로, 학교폭력의 문제를 소통과 공감의 자리에서 풀고자 애쓰는 공동체 대화 모임을 소개해드렸습니다.

박숙영 선생님에 의하면, '토론'은 서로의 입장 차이를 확인하고 끝나지만 '대화'는 그보다 더 나아갈 수 있다는 신뢰를 가지게 되었고, '당신의 입장에서 당신의 고통을 이야기해 주세요'라는 주문에 따라 문제해결을 위해 다양한 입장에 있는 사람들이 무장해제를 하고 만나서 진솔하게 대화할 수 있는 자리를 마련하고 싶었으며, 그 일환으로써 공동체 대화 모임을 시작하고 진행해오게 되었다고 합니다.

그렇게 서로 다른 입장의 사람들 수십 명이 모여서도, 자신의 취약함을 마주 대할 수 있는 공간에서 서로 환대하며, 피해와 그 고통을 마음 깊은 곳에서부터 끌어올려 토로해도 그 진실과 인간의 존엄이 훼손되거나 위협받지 않는 안전한 울타리 속에서 서로 열린 마음으로 깊이 경청한다고 느낄 때, 피해자는 강력한 '사회적 공감'을 받게 되고 그것을 통해 깊은 치유가 일어나며 깨어진 관계가 회복되는 마법이 일어나더라고, 박숙영 선생님은 마치 목격자처럼 말하였습니다.

"그 '사회적 공감'이란 거요. 박숙영 선생님이 말하시던

데……. 그게 대체 뭔가요. 어떤 느낌이고 그냥 공감과 뭐가 다를까요."

학교폭력으로 아이를 잃었다던 그 어머니에게 제가 물어 보았습니다. 그녀는 차분한 어조로 조단조단 이렇게 대답해주었습니다.

"누군가 내 말을 진심으로 들어주는 사람에게 이야기를 하면 도움이 되지요. 그런데요. 공동체 대화 모임같이 많은 사람들 속에서 그 많은 분들이 진심으로 마음을 열고 들어줄 때는요, '세상에 대고 얘기하는 느낌'이 들어요. 사실 용기도 많이 필요하지만 막상 꺼내놓고 얘기하면 오랜 동안 혼자만 품고 있던 것들이 훨씬 명료하게 정리가 돼요. 그제야 비로소 마음에서 놓아버릴 수가 있는 것들이 있어요."

'세상에 대고 얘기하는 느낌'이라는 말을 듣는 순간, 저도 모르게 울컥하고 깊은 곳에서부터 무언가 복받쳐 올라왔습니다. 얼마나 많은 피해자들이 혼자 외로움 속에서 '세상에 대고 외치고' 싶을까요. '제발 내 아픔을 들어달라, 보아달라'고.

8

갈등을 선물로 바꾸어주는
'회복적 서클'

"'회복'의 의미는 단지 사건이 일어나기 전으로 돌아가는 것이 아니라, 그 일을 통해서 더 온전한 자아나 공동체로 나아가는 것입니다.⁹ 단순한 치유가 아니에요. 더 건강하게 만드는 것입니다. '회복'을 통해서 더욱 온전하게 하고 서로를 더 풍성하게 하는 것이지요."

토요일 늦은 오후, 효창공원 산책로를 걷다 말고 잠시 흙바닥에 시선을 꽂은 채 발을 뗄 수가 없었습니다.

"회복적 서클에서 추구하는 것이 무엇인가요?"란 제 질문에 대한 박성용 목사님의 깊이 있는 답변을 듣고서, 순간 그 단어 하나하나가 영혼을 때려오는 것 같은 울림을 느꼈습니다.

여러분과 함께 이야기하고 있는 '회복적 사법', 벌써 8장인데요. 앞 장에서 공동체 대화 모임을 소개하며 보여드렸던 것처럼, 법절차를 잠깐 벗어나 사회 내 분쟁과 갈등의 해결을 위해 매우 실효적인 성과를 보이고 있는 대화 모임인 회복적 서클에 대해 소개를 드리고자 합니다.

우리나라에서의 회복적 서클 이야기를 하자면, 비폭력평화물결[10]의 박성용 목사님을 빼놓을 수가 없지요.

그 푸르던 토요일 오후, 저는 회복적 서클에 대한 얘기를 청해 듣고자, 박목사님 사무실 근처로 찾아가 함께 효창공원을 걸으며 거의 5년 만에 더 깊어진 말씀을 들을 수 있었습니다. 2013년에 인천지방법원 부천지원에서 회복적 사법 시범실시사업을 할 때 함께 작업했던 이래로 말이지요.

제가 처음 회복적 서클과 박목사님을 알게 된 것은, 가사사건을 담당하면서 어떻게 하면 갈등과 분쟁을 근본적으로 해결할 수 있을까를 자연스레 고민하게 되었던 시절인 2011년 겨울이었습니다.

영국 사람이지만 브라질 빈민가에서 오랜 기간 마약갱스터 청소년들의 대화 모임을 해왔던 도미니크 바터Dominic Barter라는 분이 있습니다. 그의 회복적 서클 프로그램을 소개하는 진행자facilitator[11]들이 한국에 왔는데 박목사님 그룹이 그 워크숍을 주관하였습니다. 저는 반나절 정도 참여하면서 처음으로 회복적 서클이란 것을 접하게 되었습니다. 우스갯소리로 "무슨 종류의 서클이에요? 저도 가입할 수 있나요?" 하는 농담을 하면서 워크숍을 참관하였습니다.

당시에는 그저 둥그렇게 둘러앉아 진행자가 어떤 질문을 하고 그에 따라 돌아가며 이야기하는 것이 전부인 회복적 서클, 그 공간 안에서 대체 무슨 갈등해결이 가능하다는 것인지 생소하게만 보였습니다.

그 후 2013년도에 저는 부천지원에서 회복적 사법 시범 실시사업을 담당할 귀한 기회를 가졌고 당시 법원과 MOU를 체결하여 함께했던 여섯 개의 회복적 사법 전문가 단체 중 하나가 박목사님의 비폭력평화물결이었지요.

그 성과인지 아닌지는 모르겠으나, 그다음 해인 2014년 가을에 도미니크 바터가 직접 한국을 방문해서, 불과 3년 만에 비약적으로 한국 내 학교 현장 등에 퍼진 회복적 서클의 성과를 함께 축하하고, 서클 진행자들의 역량을 강화하기 위한 워크숍이 열렸습니다. 그때 도미니크 바터가 서울가정법원에도 잠깐 방문하여 강연을 했고 저도 함께 대화할 기회가 있었습니다.

회복적 서클이 단지 도미니크 바터만의 것은 아닙니다만, 그가 1990년대 중반 브라질의 빈민가에서 마약갱스터 청소년 집단과 대화 모임을 해오면서 구축한 대화 모델을 우리나라 회복적 정의 활동을 하는 실천가 그룹이 받아들여, 실제로 우리 학교나 시민사회 영역에 적용해온 짧은 역사는 바로 위와 같습니다.

그 대화 모델은 어찌 보면 아주 간단한 질문들과 대화 구조로 이루어져 있지만, 갈등 현장에서 매우 강력한 효과를 보이며 퍼져갔고 그러한 실천가 그룹의 중심에 박성용 목사님의 비폭력평화물결이 있어왔습니다.

"2011년도에 제가 처음 회복적 서클을 접할 때만 해도 초기 도입 단계였는데요. 그동안 실제로 성과가 좀 있었나요?"

이 질문을 한 것을 저는 금방 후회하게 되었고 그동안 얼마나 무관심하였나 좀 반성하기까지 하였습니다.

박목사님은 비폭력평화물결을 통해 서클 진행자를 양성하고 또 그분들과 함께 학교 현장 어디든 요청이 있는 곳을 방문하여 실제로 회복적 서클을 진행하고, 수많은 케이스에서 실제로 문제 상황과 갈등의 해결 및 상상하지 못했던 좋은 결과의 출현을 목격하였다는 말씀을 하였습니다.

"갈등과 분쟁 해결을 위한 회복적 사법 프로그램 중 가장 많이 알려진 것이 피해자-가해자 조정 모델Victim-Offender Mediation, VOM이잖아요. 그런데 이 모델의 문제는 훈련된 조정자mediator가 필요하다는 것, 그리고 노련한 조정자를 배출하기까지 너무 많은 시간이 걸린다는 점이에요.

그런데 학교 현장에는 당장 해결해야 할 문제와 갈등 상황이 계속 발생해요. 선생님들이 바로 해결에 나서야 하고 준비할 시간도 없이 투입됩니다. 바쁜 학교 선생님들이 언제 수십, 수백 시간의 교육 및 훈련을 받을 수 있겠어요?

회복적 서클은 훈련된 조정자를 필요로 하는 것이 아니에요. 답은 공동체가 가지고 있다는 믿음하에 열린 마음으로 대화를 진행할 진행자만 있으면 돼요.

회복적 서클의 대화 모델은 단순하고 몇 시간 그 진행 방법을 익히는 것으로도 시작할 수 있습니다. 전문가를 요구하지 않아요. 그래서 학폭 담당 선생님이나 담임 선생님들이 몇 시간을 배우고 바로 아이들 사이에서 서클을 진행할 수 있어요."

회복적 서클 안에서는 두 가지 믿음이 작동하는데, 첫째, 갈등과 문제는 누군가의 잘못이 아니라 도움과 지원이 필요하다는 공동체에 대한 신호라는 것, 둘째, 공동체는 그러한 문제에 대해 스스로를 돌볼 수 있는 힘과 자원을 가지고 있다는 것입니다. 서클에 대한 이러한 신뢰를 가지고 서클 진행자가 구조화된 열린 질문을 하며 서로 경청하는 안전한 소통 공간 속에서 통합된 진행 순서대로 나아가기만 하면, 공동체는 결국 스스로 답을 찾아간다는 것입니다. 그 해답을 찾아가는 회복의 과정은 결코 과거로의 회귀가 아니라 온전하고 건강한 새로운 모습을 갖추어가는 것이라는 통찰이었고요. 결국 갈등이 선물로 뒤바뀌는 놀라운 서클의 이러한 역동dynamic을 이야기하는 박성용 목사님의 목소리에서 저는 경쾌한 힘을 느꼈습니다.[12]

그리고 하나 더 놀라운 이야기를 들었습니다.

"교사들만 회복적 서클을 배우는 게 아니에요. 벌써 2014년경부터 경찰들도 이걸 배워서 대화 모임을 하고 있어요."

"네에? 경찰이 회복적 서클을 한다구요?"

"그럼요. 강원지방경찰청에서 2014년부터 위드유^With YOU 라는 대화 프로그램을 학교폭력 사안 등에 적용하고 있는데 그게 회복적 서클 모형을 기반으로 한 거죠. 5월에도 춘천에 가서 경찰들과 서클 진행에 관한 워크숍을 한답니다!"

그 말을 들으며 제 마음은 벌써 단박에 춘천의 워크숍 현장으로 달려가고 있었습니다.

3부 ——————————— 경찰과
회복적
사법

9

경찰에서의 회복적 서클
'위드유'

"질문이 너무 어려워요. '당신이 그 행동을 했을 때 진심으로 원했던 것이 무엇인지, 누가 무엇을 알아주기를 원하시나요?'라니. 무슨 말인지 알아듣고 답하기엔 너무 말이 어려운 거 아닌가요?"

"서클 안에서 말해야 할 사람과 말하고자 하는 사람은 진행자가 던지는 그 질문의 의미를 정확히 압니다. 당사자는 잘 알아듣고 자기가 할 말을 잘 합니다. 질문 자체가 가지고 있는 힘이 있어요. 서클 안에서 작동하는 질문이 갖는 힘이죠. 진짜 하고 싶었던 말을 잘 할 수 있도록 이끌어내줍니다."

갸우뚱 갸우뚱하면서 열심히 질문하는 한 참가자에게 강사 또한 성심껏 답변해주고 있었습니다.

제가 살금살금 들어가서 조용히 뒷자리에 앉는 순간, 둥

그런 원 안에서 후끈하게 돌고 있던 토론과 배움의 열기가 훅 느껴졌습니다. 혹시라도 내가 방해가 되면 어쩌나 하는 걱정도 한순간에 날아갔지요.

한 40명쯤 둘러앉아 함께 프로그램을 진행하고 있던 워크숍 공간의 그 서클 안에, 참관하러 간 저마저도 금방 빨려들어갈 것 같았습니다.

지난 8장에서, 비폭력평화물결 박성용 목사님의 회복적 서클을 소개해드리면서 학교 현장에서 회복적 서클이 학교폭력 사안에 적용될 수 있고 교사들이 서클 진행 방법을 쉽게 배울 수 있다는 말씀을 드렸었지요.

그런데 교사뿐 아니라 경찰도 회복적 서클을 한다는 얘기를 듣고는 깜짝 놀라서 저는 박성용 목사님이 마침 경찰들과 회복적 서클 워크숍을 한다는 춘천으로 주저 없이 달려갔습니다. 대체 어떤 경찰들인지 만나보고 싶었습니다.

'경찰' 하면 떠오르는 이미지는 형사! 정의감에 불타 범인을 잡으러 집요하게 찾아다니고 나쁜 범죄자를 반드시 잡아다 수갑을 채워 유치장에 넣으며 '이제 너는 응분의 죗값을 치르라!'고 외치는 영화 〈강철중〉의 설경구 같은 모습 아니던가요?

그런데 경찰이 회복적 서클을 한다니요. 형사 양반이 범죄자, 피해자와 함께 둘러앉아 그 사이에서 질문을 주고받으며 대화를 주선하는 모습이라니, 쉽게 상상하기는 어려운 장면이었으니까요.

청명한 어느 5월 오후 그렇게 저는 휴가를 내고 천안에서 춘천 가는 버스에 몸을 실었습니다. 그리고 하늘이 더 파랗게 보이는 언덕 위에 자리 잡은 강원지방경찰청의 '회복적 서클 Restorative Circle 훈련 실습' 워크숍 장소를 방문했지요.

감사하게도 참관 기회를 얻어 함께한 자리에서, 바쁜 시간을 쪼개어 열심히 교육을 받고 연습을 하는 젊은 경찰들을 보며 벅차오르는 감동을 느꼈습니다.

강사들과 참가자들 사이에서 눈에 띄는 두 분이 있어 여쭤보니, 경찰이면서 워크숍 보조 강사를 하고 있는 분들이라고 하더군요. 한 분은 속초에서 온 김광영 경위님, 또 한 분은 태백에서 온 김정식 경위님이었습니다.

어떻게 경찰이 이런 워크숍 보조 강사를 할 수 있냐고 여쭈니, 두 분은 이미 2014년부터 회복적 서클 진행자 교육을 받고서 현장에서 이를 적용하며 학교폭력 등 사건을 해결해오고 있다는 놀라운 얘기를 들었습니다.

2014년 3월부터 강원지방경찰청에서는 백두용 경정님이 주축이 되어 '위드유With YOU'(공식 명칭은 '너와함께')라는 회복적 사법 프로그램을 도입했다고 합니다. 경찰들이 직접 비폭력평화물결 박성용 목사님의 회복적 서클 기법을 기반으로 한 진행자facilitator 교육을 받은 후, 현장에서 학교폭력 등 주로 소년 사건에서의 다양한 갈등 상황을 회복적 사법 패러다임에 기반하여 해결해오고 있다는 겁니다.

2014년 한 해 동안의 위드유 통계를 보니, 강원 지역 11개 경찰서가 총 111건의 대화 모임을 진행했는데 그중 108건에서 관계회복과 화해 등 좋은 결과가 있었다고 합니다. 사건 유형은 폭력, 모욕, 따돌림, 갈취, 상습괴롭힘, 가출 등 가족문제, 사이버폭력 등 다양했습니다.[1]

혹시 이 대목에서 여러분 중에, 경찰이 개입해서 관계를 회복시키고 화해나 갈등해결을 하게 했다는 말이 긍정적으로 받아들여지기보다는 사건을 제대로 처리하지 않고 대충 무마했다거나 적당히 합의를 시켰다는 말로 들리는 분이 계실까요?

그렇다면 그것은 전적으로 '회복적 사법'의 이념 또는 그 기법 중 하나로서 '회복적 서클'의 진행자 역할에 대한 이해 부족에서 비롯된 오해일 뿐이라고 말씀드리고 싶군요.

즉, '회복적 사법'은 시시비비를 제대로 가려내지 않은 채 대충 무마하고 사건을 덮는 것이 아니라, 가해행위자가 자신의 행위의 결과나 영향의 실질을 진정으로 자각할 수 있는 기회를 가짐으로써 처벌에 국한되지 않는 실질적 책임을 인수할 가능성을 여는 것이고, 그러한 과정을 통해 응보적 처벌만으로 다할 수 없는 진정한 정의를 구현해내는 것이거든요.

또한 '회복적 서클'의 '진행자'는 '상담'이나 '조정'을 하는 것이 아니에요. 단지 간단하고 필요한 질문을 도구로 삼아 참가자들로 하여금 대화를 이어가고 이해를 확장시켜 결국 마음을 이어주고 그 공동체의 해법을 스스로 찾아갈 수 있도록 할 뿐이거든요.

"경찰은 수사를 하는 지위에 있는데, 경찰이 피해자든 가해자든 수사를 받는 입장에 선 사람들 사이에서 대화를 연결시키는 질문을 던진다는 것, 그것에는 일종의 역할갈등[2]이 있을 것 같고요. 어찌 보면 경찰은 문제해결을 해야 하는 당사자도 아닌데, 함부로 개입한다면 그 본래적 직무 사이에 기능적 균열이 생기는 건 아닐까요?"

워크숍이 끝나고 백계장님과 두 분 경위님을 모시고 소주 한잔 기울이면서 여쭈어보았습니다.

"허허, 문제해결이요? 우리가요? 우린 아무것도 하지 않아요. 서클이 열리고 질문을 하고 대화가 진행되면, 자기네가 다 말하고 자기네가 다 해결하는 걸요."

세 분이 입을 모아 웃으며 말했습니다.

그리고 호주머니에서 명함을 꺼내 "강원경찰은 여러분과 함께합니다. 당신이 열쇠를 쥐고 있어요You Have the Key. 당신은 힘을 가졌어요You Have the Power!"라고 쓰인 뒷장을 보여주며 대답을 이어갔습니다.

"회복적 서클을 열면요, 그 공동체 안에서의 문제가 그냥 저절로 드러납니다. 진행자가 아무런 힘을 들이지 않아도 오롯이 드러나요. 대화가 진행되면 그 공동체는 스스로 문제를 드러냅니다. 그리고 해결 방법도 스스로 찾아나가는 거죠. 어찌 보면 그 갈등은 그 문제를 드러내려고 생긴 건지도 모르겠어요. 갈등을 통해서 공동체가 문제를 해결하고 더 나은 모습이 되기 위한 새로운 기회가 열리는 거죠. 대화 모임인 서클 안에서 그 가능성이 열리는 거예요."

그리고서 백계장님은 한마디를 덧붙였습니다.

"공동체가 스스로 갈등을 해결할 수 있는 여러 길이 있는데, 어찌 보면 우리 형사사법 시스템은 호미로 막을 수 있는 것을 포크레인으로 막고 있는 형국인지도 모르겠어요."

사건이 발생하고 입건되는 초기 단계, 즉 경찰 단계에서 회복적 사법이 시도되면 좋을까요, 나쁠까요? 아니, 질문을 바꿔보겠습니다.

사법절차 초기인 경찰 단계에서 회복적 사법이 적절히 시도되고 잘 작동되어 좋은 효과를 볼 수 있다면 어떤 좋은 점이 있을까요? 어떤 특별한 장점이 있을까요?

여러분이 쉽게 상상하실 수 있는 그대로일 것 같습니다. 경찰에서의 회복적 사법, 위드유 얘기에서 더 나아가서 좀 더 넓게, 좀 더 깊이, 다음 장에서 이어가볼까요?

10

경찰 단계의 회복적 사법,
필요할까요?

"네, 필요합니다."

여러분과 이 장에서 나눌 회복적 사법 이야기의 제목인, '경찰 단계의 회복적 사법, 필요할까요?'라는 질문에 대한 저의 답변입니다.

여러분들은 어떤 답을 하시겠습니까.

저는 그리 오래 생각할 필요도 없고 깊게 이것저것 따져볼 필요도 없이 바로 "네"라고 답할 수 있습니다. 왜일까요?

'경찰 단계'라고 말할 때의 의미는, 입건 전 단계—입건해서 수사하는 경찰 단계—검찰 수사 단계—법원 재판 단계—교도소 교정 단계—사회 복귀 단계로 이어지는 형사사건의 일련의 과정에서, 검찰이나 법원, 교도소와 대비되지만 입건 전 단계와도 대비되는 단계를 말합니다.

사건 발생 직후 입건, 즉 수사가 개시되면서 사건을 담당하는 초기 주체가 바로 경찰입니다. 경찰은 초기 수사를 담당할 뿐 아니라, 사건 발생 이전의 여러 영역에도 관여합니다. 경찰법 제3조에 보면 국가경찰의 임무로 "국민의 생명·신체 및 재산의 보호", "범죄의 예방·진압", "범죄피해자 보호", "그 밖의 공공의 안녕과 질서유지" 등을 규정하고 있습니다.

즉, 경찰은 지역사회 내에 밀착되어 질서를 유지하고 국민을 보호하고 범죄를 예방하는 등의 일을 하다가 어떤 사건이 발생하면 이를 입건하여 수사를 하게 되는 것입니다.

교도소는 물론 법원, 검찰보다 지역사회에 밀접하게 연결되어 있고, 사건 발생 직후 또는 그 이전부터 피해자와 가해자를 직접 만나고 가장 먼저 접하는 국가기관인 경찰이 회복적 사법의 관점을 가질 필요성, 어떻겠습니까. 이러한 경찰 단계에서 회복적 사법을 구현할 필요성, 당연히 있지 않을까요?

사건이 발생한 때로부터 신속히 조기에 당사자 간 분쟁이 해결되고 가해자가 책임을 인수하며 피해자의 피해가 회복되고 피해자와 가해자 모두 지역사회로 원만히 재통합될 수 있다면 그 이상 바람직한 것은 없겠지요.

경찰 단계에서 검찰을 거쳐 법원에서 재판을 받고 나아가 교도소 단계로 가기까지 긴 시간이 흐르거나 혹은 사건이 지연되기도 하는데, 피해자에게 피해회복의 기회가 전혀 주어지지 않는다거나 가해자에게는 피해자에게 사과를 하고 이해를 구할 기회가 주어지지 않을 수 있는 상황에서 단지 국가가 가해자를 처벌만 하는 경우와 비교해본다면, 저의 답변에 쉽게 고개가 끄덕여지실 겁니다.

지난 9장에서 소개한 강원지방경찰청의 위드유와 같은 프로그램이 바로, 사건 초기 단계에서 경찰이 회복적 개입을 하여 피해자의 피해회복, 가해자의 재사회화, 재범예방 및 커뮤니티의 평화적 재통합을 성공적으로 돕는 좋은 회복적 사법 프로그램이라고 할 수 있겠습니다.

아이들이 학교에서 싸우다가 한 아이가 다른 아이에게 상처를 입혔는데, 경찰이 형사사건으로 '입건'하여 증거 수집 등 '수사'를 한 후 검찰에 가해아이를 상해죄로 '송치'해버리기만 한 경우와 비교해봅시다.

이와 달리 만일 이 사안에 강원지방경찰청의 위드유 프로그램을 적용한다면, 117(학교폭력) 신고를 접수한 학교전담경찰관School Police Officer, SPO이 회복적 서클 진행자로서 아이들을 면담하여 아이들과 선생님 등 관련자들 사이에서 회복적 대화모임을 진행하고서, 상호 이해와 사과, 화해, 피해회복, 나아가 향후 평화로운 관계를 위한 실천적 약속까지 가능케 할 수 있습니다.

이와 같은 결과를 전자의 형사 입건, 수사, 검찰 송치와 견주어볼 때 어떻게 평가할 수 있을까요. 만일 이러한 성과가 가능하다면 그 가치는 전자의 단순한 사법처리와는 비교할 수 없이 크지 않을까요.

위드유 프로그램을 도입한 백두용 경정님으로부터 얻어 본 사례 자료에서 저는 놀라운 내용들을 많이 발견하였습니다.

예를 들어 학교 내에서 집단적 갈등을 빚었던 두 그룹의 아이들이 위드유 프로그램을 통해 대화의 기회를 가졌고 그 결과 '우리의 약속'이란 제목으로 함께 서면을 작성한 것을 보았는데요.

"서로 듣기 싫은 말이나 보기 싫은 행동은 하지 말기, 서로 부딪힌 경우 그 자리에서 사과하기, 서로 뒷담화하지 않기, 서로 헛소문 퍼뜨리지 않기, 우리만큼은 왕따시키지 않는다, 서로 욕하지 않기, 서로 시비걸지 말기, 상대 입장에서 먼저 생각하기"라는 실천적 내용을 담고 있었습니다.

누가 시키거나 제시한 것이 아니라 순전히 아이들끼리의 대화 결과 스스로 만들어낸 약속들이었지요.

이러한 사례야말로, 경찰이 전통적으로 해오던 대로 사건 수사를 하고 결과를 검찰에 송치하는 역할에만 머물기보다는 사건 초기에 회복적 개입을 함으로써 당사자나 공동체에 더 큰 이익을 줄 수 있고 소중한 가치를 얻을 수 있다는 것을 알 게 해주는 예가 아닐는지요.

위드유 프로그램에서는 경찰관이 직접 회복적 서클을 진행하는 방식이지만, 향후 지역사회 내 자원이나 인프라가 갖춰지면 경찰관이 직접 대화 모임을 진행할 필요까지는 없고 (수사 주체라는 역할갈등으로 인해 사건 유형에 따라서는 경찰이 대화 모임을 직접 주재하지 않는 것이 바람직한 경우도 있을 것이고), 단지 경찰 단계에서 회복적 대화 모임을 가질 수 있는 기회를 제공하되, 실제 대화 모임 진행 등의 지원은 지역사회 내에서 받는 방식으로 나아가도 좋을 것으로 생각이 됩니다.

여러분께 지난 장에서 말씀드렸던 2014년 한 해 동안의 위드유 통계를 다시 한번 상기시켜드리고 싶군요. 강원 지역 11개 경찰서에서 폭력, 모욕, 따돌림, 갈취, 상습괴롭힘, 가출 등 가족문제, 사이버폭력 등 다양한 사건 유형에 관해 총 111건 진행된 대화 모임 중 3건을 제외한 108건에서 관계회복과 화해 등 좋은 결과가 있었다는 내용 말입니다.

이렇게 말씀을 드리다보니, 마치 제가 경찰 홍보대사라도 된 것 같습니다만, 물론 그럴 리야 없지요. 이는 회복적 사법에 관해 법원의 판사로서 여러분께 드릴 수 있는 일반적인 수준의 말씀일 뿐입니다.

2002년에 유엔경제사회위원회the United Nations Economic and Social Council가 채택한 '형사사건에서 회복적 사법 프로그램의 활용에 관한 기본원칙Basic Principles on the Use of Restorative Justice Programmes in Criminal Matters'이라는 것이 있습니다.[3]

위 기본원칙 'Ⅱ. 회복적 사법 프로그램의 활용' 중 제6조를 보면, "회복적 사법 프로그램은 형사사법절차의 모든 단계에 걸쳐 일반적으로 활용될 수 있어야 한다"라고 명시되어 있습니다.[4] 그리고 유엔은 회원국들에게 이를 일반적으로 장려하고 있습니다.

형사사건의 모든 단계에 걸쳐서 회복적 사법이 구현될 수 있어야 한다는 것이 바로 제가 여러분께 전해드리고 싶은 말씀이고, 그 일환으로 다른 모든 단계와 마찬가지로 경찰 단계에서도 당연히, 유용하고 적절한 회복적 사법 프로그램들이 적정한 방식으로 작동 가능하도록 제도화되어야 할 것입니다.

그런데 2014년에 시도된 위드유 프로그램은 아쉽게도 현재는 지속되지 못하고 있다고 합니다. 물론 강원 지역 관내에서 회복적 서클 진행자 교육을 받은 경찰관들이 이를 활용하여 담당 사건에서 필요한 경우에 적절히 당사자들을 지원해주고는 있지만, 현재 '위드유'라는 이름으로 공식적 프로그램이 예전처럼 운영되고 있는 것은 아니라고 합니다.

이유가 무엇일까요. 좋은 프로그램은 지속되면 좋을 것 같은데 어떤 이유나 사정이 있어 계속되지 못하고 있는 것일까요.

'위드유' 외에도 우리나라에서 종래에 시도되었던 경찰 단계의 회복적 사법 프로그램들이 있었습니다만, 일시적인 시범실시사업에 그치는 등 사실상 우리나라에서 현재 경찰 단계의 회복적 사법 시도에는 여러 가지 어려움이 따르고 있습니다.

필요와 당위가 있는데 왜 안 되는 것일까요. 경찰 단계에서 회복적 사법을 구현하는 방안을 마련하는 데 마주하게 되는 제도적, 현실적 어려움과 장애들. 다음 장에서 계속해서 그에 대해 이야기 나눠보기로 하겠습니다.

11

경찰 단계의 회복적 사법,
왜 어려운가요?

- 사건을 회복적 사법 프로그램에 회부
- 피해자, 가해자와 다른 참가자들에게 회복적 사법 절차를 설명
- 지역사회에 기반한 회복적 사법 절차에 참여
- 회복적 사법 절차의 진행
- 회복적 사법의 세션과 모임들을 주재
- 일선의 갈등과 분쟁의 해결에 회복적 접근을 이용
- 회복적인 합의의 이행을 모니터링하고 위반을 보고

자, 이러한 역할은 누가 수행할 수 있을까요?

최일선에서 회복적 사법 절차에 사건을 회부할 수 있고, 피해자, 가해자, 그 밖의 참여자들에게 회복적 사법 절차에 대

해 설명하고 안내할 수 있습니다.

지역사회에 뿌리를 두고 있는 회복적 사법 절차에 공동체의 일원으로서 직접 참여할 수도 있고 회복적 사법 절차를 진행 또는 촉진시키는 역할을 할 수 있습니다.

나아가 직접 회복적 사법의 각 세션과 모임을 주재하고 진행할 수 있습니다. 현장의 갈등과 분쟁을 최일선에서 회복적 접근을 이용해 해결할 수도 있습니다.

또한 회복적 합의가 이루어진 경우 그 이행 여부나 과정을 모니터링하고 합의 위반이나 불이행시에 이를 보고하기도 합니다.

과연 누가, 어떤 기관이, 어떤 사람들이 이런 대단한 역할을 수행할 수 있는 것일까요?

이는 유엔에서 발간한 《회복적 사법 프로그램에 관한 핸드북Handbook on Restorative Justice Programmes》[5]에서 '회복적 절차의 참여자들'이라는 장에 나오는 '경찰' 부분에 기재된 내용입니다.[6]

여기에서는 경찰이 회복적 프로그램에 개입할 때 취할 수 있는 여러 가지 방법을 소개하고 있는데, 지구상의 여러 나라와 사회에서 채택하고 있는 회복적 사법 모델의 유형에 따라서 경찰의 역할은 위와 같이 다양하다고 합니다.

경찰이 단지 범죄 수사만이 아니라 회복적 사법의 과정에 관여하고 저렇게 다양한 역할을 할 수 있다니, 그리고 하고 있다니, 정말 놀랍지 않은가요.

그럼, 우리나라의 경찰은 회복적 사법 절차에서 어떠한 역할을 하고 있을까요. 안타깝게도 우리나라 경찰은 현재 회복적 사법 절차를 취한다거나 그 안에서 어떠한 역할을 수행하고 있다고 일반적으로는 말하기가 어렵습니다.

왜냐하면 우리나라는 경찰 단계에서 회복적 사법 절차를 취할 수 있는 길이 제도적으로 마련되어 있다고 보기 어렵기 때문입니다. 그뿐만 아니라 경찰이 회복적 사법적인 접근이나 해결을 도모할 수 있게 제도적으로 보장하고 있다고 말하기도 어렵습니다.

이게 무슨 말일까요? 여러분과 앞에서 함께 나눈 경찰에서의 회복적 사법에 관한 노력, 그리고 제가 소개해드린 강원지방경찰청의 위드유와 같은 프로그램은 그럼 뭐란 말인가요.

네, 위드유 같은 프로그램은 회복적 사법 프로그램이 맞고, 경찰이 개입적으로 회복적 사법 프로그램을 설계하여 진행자facilitator 역할, 기타 회복적 조치에 관한 적극적인 역할을 수행한 것도 맞습니다.

하지만 이는 단지 한 지방경찰청 단위에서 마련한 자율적 프로그램의 하나였습니다. 그나마도 현재는 그러한 이름의 단일 프로그램으로 공식적으로 수행되고 있지 않습니다.

단지 회복적 사법에 식견과 열정이 있는 경찰관들이 스스로 회복적 서클 진행자facilitator 교육을 받고 각자 담당하고 있는 사건들, 특히 학교전담경찰관이 개입해야 하는 사건 등 회복적 접근이 필요한 사건들에서 회복적 접근에 관해 설명하고 관여자들의 자발적 동의하에 회복적 서클을 진행하여 사건의 원인이 된 갈등이나 분쟁 자체의 원만한 해결을 도모하고자 노력한 것뿐이지요. 그러한 경찰관들의 개별적인 노력은 여전히 지속되고 있지만, 이를 제도화하려는 움직임이나 시도가 국민들 눈에는 잘 보이지 않는 것 같습니다.

제가 소개해드렸던 위드유 외에도 2007년도와 2012년도에 서울지방경찰청과 광주지방경찰청에서 실시했던 '가족회합프로그램Family Group Conferencing'이라는 일종의 회복적 사법 프로그램이 있었지만 모두 일회적 시범실시로 끝나버리고 제도화로는 연결되지 않은 전례도 있습니다. 왜일까요.

'제도화'라는 것은 무엇을 말하는 것일까요.

한 사건에서만 하고 끝나는 것이 아니라 다른 사건에서도 할 수 있어야 하고 유사한 사건에서는 유사하게 진행될 수 있어야 합니다. 일정 기간에만 하고 끝나는 것이 아니라 지속적으로 꾸준히 안정적으로 실시될 수 있어야 한다는 것을 의미할 것입니다.

그러기 위해서는 법과 규정으로 절차가 마련되어야 하고 그러한 절차가 제대로 수행될 수 있도록 인력이 배치되고 물적 뒷받침도 되어야 하며 이 모든 것들을 위한 예산이 마련되어야 할 것입니다. 그래야 특정 담당자만 특정 시기에 특정한 방식으로만 하고 끝나는 것이 아니라, 일반적으로 모든 사건에서 보편적으로 적용되고 그것이 안정적으로 지속될 수 있을 것입니다.

그런데 경찰 단계 회복적 사법의 '제도화' 움직임 또는 시도가 어렵거나 눈에 잘 띄지 않는 이유는 무엇일까요? 경찰의 노력이 부족한 걸까요? 국민들의 인식과 관점이 부족한 걸까요? 입법과 예산을 담당하는 국회의 관심과 의지가 부족한 걸까요? 여러분 의견은 어떠신지요.

현재의 법 규정하에서는 일선 경찰이 어떤 사건이 발생하고 신고 등 입건이 되었을 때 회복적 사법적인 접근을 하여 다행히 그 원인이 된 분쟁과 갈등이 원만히 해소되었다고 해도, 그러한 결과와 상관없이 후속 형사사법절차는 다른 사건들과 동일하게 진행되어야 하고, 따라서 당사자들도 계속하여 형사사법절차에 매여 있어야 합니다.

경찰이 자체적으로 또는 경찰관 개인이 자율적으로 현행법의 틀 내에서 어떠한 회복적 접근을 한다고 하더라도, 현재 우리 형사사법법제상 경찰은 즉결심판을 제외하고는 모든 사건에 대하여 검찰에 송치(소년법상 촉법소년과 우범소년은 법원에 송치)해야 하는 전건송치주의全件送致主義하에 있는데, 이러한 전건송치주의라는 제도적 한계 내에서 경찰이 회복적 사법적 접근을 하기는 어렵다고 말할 수 있을 것 같습니다. 달리 말하면 권한이나 재량이 없다고 볼 수도 있으니까요.

경찰 단계에서 회복적 사법을 도입하기 위해서는 일회

적인 시범실시 또는 개별 경찰관들의 노력을 넘어선 '제도화'가 필요합니다. 그리고 현재 우리 형사사법절차의 경찰—검찰—법원으로 이어지는 일련의 과정들을 회복적 사법의 관점에서 재검토해보면서 경찰 단계에서도 이에 관한 일정한 권한과 재량이 주어져야 합니다.

사건 초기 경찰 단계에서 적시에 회복적 사법 이념에 기반한 절차가 주어진다면, 그 기회를 통해 가해자가 충분히 자성하여 자율적 책임을 져서 피해자는 완전한 피해 회복을 받고 쌍방이 분쟁의 원만한 해결을 할 수 있는 경우가 있을 겁니다. 그러한 유형이나 종류의 사건들에서는 피해자나 가해자, 공동체 모두의 측면에서 볼 때 수사—기소—재판이라는 엄격한 형사절차를 계속 밟아가야 할 필요성이 극히 감소할 것이므로, 회복적 프로세스의 좋은 결과를 반영할 수 있는 경찰 단계의 대안적 절차를 상정해볼 수도 있지 않을까요. 이는 우리 형사사법 시스템 전반을 재설계하는 수준의 고민이 되겠지만 꼭 필요한 고민이라고 생각합니다.

앞에서 언급했던 유엔에서 발간한 《회복적 사법 프로그램에 관한 핸드북》에서는, 경찰관이 회복적 절차를 수행하면서 가해자의 책임을 묻고 피해자, 가해자, 그 밖의 관여자들로부터 공정하다는 평가를 받을 수 있다고 언급하고 있습니다. 또한 회복적 사법은 전반적인 지역사회 경찰 정책의 필수불가결한 구성요소일 수 있고 지역사회와 경찰의 관계를 향상시키는 수단이 될 수 있다고 강조하고 있습니다.

우리나라에서도 이제 경찰 단계에서의 회복적 사법의 제도화를 더 이상 미루어서는 안 될 때가 온 것 같습니다.[7]

앞서 말씀드렸다시피 이는 우리 형사사법 시스템의 전 과정을 짚어보면서 제도의 재설계를 고민할 문제인데요. 이어서 검찰 단계에서의 회복적 사법에 관해서도 이야기 나누어보기로 하겠습니다.

4부 ——————— 검찰과 회복적 사법

12

범죄피해자의 보호와
형사조정

스물두 살인 최유진은 입대를 앞두고 환송회를 해준다는 동네 후배들을 만나서 함께 술을 신나게 마셨습니다. 그중에서도 제일 친하게 지냈던 후배인 스물한 살 구동매와는 한잔 더 하자고 마음이 맞아 어깨동무를 한 채 비틀비틀 2차 자리를 찾아가고 있었습니다.

그런데 마침 맞은편에서 오던 스물한 살 김희성과 그만 한쪽 어깨가 서로 부딪히고 말았습니다. 좁은 보도에서 남자 둘이 어깨를 걸고 가니 지나가려던 사람과 부딪히기 십상이었겠죠.

"길도 좁은데 다른 사람들도 좀 생각하고 다녀! 이 새끼들아!"

"뭐라고? 이 새끼가? 너나 눈 똑바로 뜨고 다녀!"

혈기왕성한 청년들인 그들은 곧장 서로 욕설과 함께 주먹을 날렸습니다. 김희성은 몇 번 주먹을 날렸으나, 최유진과 구동매가 합세하여 덤비자 결국 눈두덩이가 터지고 코피를 철철 흘리며 땅바닥에 쓰러져버렸습니다.

이런, 이들은 어찌되었을까요. 이후는 여러분이 상상하시는 그대로입니다.

김희성은 터진 눈두덩이 안쪽으로 안와골절이 되었고 코피는 멎었지만 비골골절도 되었습니다. 초진만으로도 6주 상해 진단이 나왔습니다.

최유진과 구동매는 폭력행위등처벌에관한법률위반(공동상해)죄로 입건되어버렸습니다.

최유진과 구동매는 김희성이 먼저 욕설로 시비를 걸었고 자신들도 김희성의 주먹에 맞았다고 억울해했지만 별다른 상처도 없었고 워낙 김희성의 피해가 컸기에 김희성이 때린 부분은 입건도 되지 않았습니다.

최유진과 구동매는 술 깬 후에 몹시 후회를 했지만, 어쨌든 큰일 날 처지가 되고 말았습니다. 입대를 앞두고 있던 최유진은 자칫하면 군대에서 재판을 받게 될지 모를 상황이었고, 구동매는 어릴 때 싸움질로 기소유예를 두 번이나 받은 전력이 있었기 때문에 이번에는 무거운 형사처벌을 피하기 어려워 보였지요.

한편 피해자 김희성의 상태도 심각했습니다. 눈과 코를

수술해야 했고 잘못하면 실명이 될 수도 있거나 재수술을 해야 한다고 했으니까요.

최유진의 어머니가 병원으로 찾아가 김희성에게 용서를 구했지만, 수술 직후 아직 얼굴이 엉망이었던 김희성은 물론 그 부모까지 화가 많이 나 있었기에, 절대로 합의는 해주지 않겠다고 하였습니다. 어쩔 도리가 없던 최유진의 어머니는 공탁이라도 하려고 돈을 구하여 배상금 600만 원을 김희성 앞으로 공탁했습니다.

자, 그 이후로 어떻게 되었을까요? 최유진과 구동매는 처벌을 받았을까요? 김희성의 피해 배상은 어떻게 받을 수 있을까요?

이 사건은 제가 인천지방법원 부천지원에서 2013년에 형사재판을 담당하면서 처리하였던 실제 약식명령 사건 중 하나입니다.[1] 물론 당사자의 가명은 드라마 〈미스터 션샤인〉의 주인공 이름으로 썼지만요.

약식명령으로 처리했다면 약하게 벌금으로 끝난 것 아니냐고요? 피해가 중한데 너무 가볍게 처리된 것 아니냐고요?

네, 반은 맞고 반은 틀립니다. 약하게 벌금으로 끝난 것은 맞지만, 중한 피해에 대해서 가볍게 처리된 것은 아닙니다. 어떻게 된 것일까요.

사건이 경찰에서 검찰로 송치되고서 검찰 단계에서 피의자들과 피해자 사이에 충분한 사과와 피해의 회복이 이루어졌고 그에 따라 피해자는 피의자들을 용서하고 처벌을 원하지 않는다는 의사를 표해주었습니다. 그러한 조건하에서 검찰에서는 피의자들에 대해 벌금형으로 약식명령을 구하는 약식 기소를 한 것이었지요.

어떻게 이것이 가능했던 걸까요.

약식 기소된 수사기록을 보니, 담당 검사는 피의자 최유진과 구동매, 피해자 김희성에 대한 조사를 마치고, 이 사건을 시한부로 기소중지하여 '형사조정'에 회부하였습니다.

담당 검사는 최유진의 어머니가 낸 공탁서를 통해 일부라도 피해가 회복된 것을 확인하였고,[2] 최유진과 구동매로부터는 반성의사뿐만 아니라 피해자 김희성이 받아만 준다면 충분히 사과하고 피해를 회복할 의지가 있다는 것을 확인하였으며, 피해자 김희성 역시도 현실적으로 치료비, 기타 피해의 회복이 당장 절실한 상황임을 알게 되었습니다.

담당 검사는 공판 전에 기회를 주기 위해 당사자들에게 형사조정제도를 안내하고 당사자들의 동의를 받은 후 사건을 형사조정절차로 보냈습니다.

이 사건을 배정받은 형사조정위원회의 형사조정위원 두 명은 미리 양쪽 당사자들에게 연락을 하여 형사조정제도에 대해서 더 자세히 설명하고 형사조정의 이점을 구체적으로 제시하며 형사조정기일에 꼭 출석하도록 독려했습니다.

최유진의 어머니가 병원에 찾아가 용서를 구할 때도 받아주지 않았던 피해자 김희성은 형사조정위원들의 권유에는 응하여, 정해진 형사조정기일에 나왔습니다.

형사조정위원들의 조정하에 가해자들은 피해자와 원만한 대화를 할 수 있게 되었습니다. 김희성은 최유진뿐 아니라 함께 온 그의 어머니의 간곡한 사과를 결국 받아들이기로 하였습니다.

김희성은 이미 눈과 코 수술로 치료비가 500만 원이 들었고 이후에 코를 재수술해야 한다면서 1,100만 원의 배상을 요구하였으나, 최유진과 구동매는 공탁한 600만 원에 추가 합의금도 빌려야 하는 형편을 호소하며 800만 원에 합의해줄 것을 청하였습니다.

형사조정위원들은 양쪽 사정을 듣고 의견을 조율해, 최종적으로 양측이 공탁금 600만 원을 포함하여 총 1,000만 원의 배상금액으로써 민·형사상 일체의 이의를 제기하지 않기로 하는 합의에 이르러 형사조정이 성립되었습니다.

그뿐만 아니라, 현명한 형사조정위원들은 위 형사조정에 1,000만 원의 배상금 지급이 완료되면 비로소 합의된 것으로 보기로 하는 조항을 넣음으로써 약속이 확실히 이행되도록 도모하였습니다.

수사기록에 나타난 위와 같은 형사조정의 경과와 첨부된 합의서, 처벌불원서 등을 확인한 약식명령 담당 판사로서 저는 어떤 결정을 내렸을까요.

담당 검사는 각 벌금 100만 원의 약식 구형을 했는데, 담당 판사였던 저는 이 사건의 피해자 김희성의 상해 정도는 중하나, 피고인 최유진과 구동매가 형사처벌 전력이 없는 청년들이고 잘못을 모두 인정하며 뉘우치고 피해회복을 실질적으로 해주고서 피해자에게서 용서받은 사정을 고려하여, 담당 검사의 약식 구형이 적정하다고 보아서 그대로 각 벌금 100만 원의 약식명령에 도장을 찍었습니다.

여러분과 함께 나누고 있는 회복적 사법 이야기, 경찰 단계를 지나 이번 장부터는 검찰 단계로 접어들어 형사조정제도에 관해 다루어보고자, 실제 수사기록에서 형사조정회부서, 형사조정조서, 형사조정결정문 등을 통해 접했던 사례 이야기로부터 출발해보았습니다.

여러분은 이 사건에서 형사조정을 통해 가장 도움받은 사람이 누구라고 생각하시나요? 군대에서의 재판을 면하고 벌금 100만 원으로 선처를 받은 최유진일까요? 마찬가지로 벌금 100만 원으로 더 무거운 형사처벌을 피한 구동매일까요?

저는 누구보다도 형사조정의 이익을 본 사람은 다름 아닌 피해자 김희성이라고 생각합니다. 눈뼈와 코뼈를 크게 다쳐서 고통을 당하고 당장 치료비 등 현실적인 피해배상이 필요했으니까요. 형사조정을 통해서 신속하고 원만하게 금전적 배상을 받을 수 있었을 뿐 아니라, 가해자들로부터 진심 어린 사과를 받고 용서도 해주었으니, 피해자로서는 늦지 않은 적절한 시기에 적절한 피해회복 조치를 받은 것이라고 할 수 있지 않을까요.

형사조정위원이 대화를 주선해주었기에, 진심 어린 사과의 마음이나 이를 받아들이는 용서의 마음이 서로 전달되는 대화가 가능해지고, 적정한 배상액으로 합의를 이룰 수 있었던 것 아닐까요.

우리나라의 형사조정제도는 2006년 검찰 내부의 시범실시로 시작되어 마침내 2010년 범죄피해자 보호법 개정으로 정식 도입되었는데,[3] 사실 그 이전에 이미 전국의 범죄피해자 지원센터에서 피해자 보호의 일환으로 형사조정이 실시된 바 있었고, 범죄피해자 보호법 제41조에 "당사자 사이에 형사분쟁을 공정하고 원만하게 해결하여 범죄피해자가 입은 피해를 실질적으로 회복하는 데 필요하다고 인정"하면 형사조정에 회부할 수 있도록 규정되어 있으므로, 그 태생 자체가 '범죄피해자의 실질적 보호'와 밀접한 관련이 있다고 할 수 있습니다.

다음 장에서 여러분과 함께 계속하여 더 구체적으로 살펴보기로 하겠습니다.

13

검찰과 형사조정제도

영화 〈더 킹〉 말미의 박태수 검사(조인성 분)의 독백을 기억하시나요? 권력 위의 권력이었던 한강식 검사(정우성 분)의 몰락 장면과 함께 나오지요.

"나는 사기꾼이자 양아치였고 권력을 위해 충성하는 개였다. 그렇게 사람들을 기만하며 속이고 잘 먹고 잘 살아왔다. 물론 대부분의 사람들은 성실히, 그리고 자기 일에 충실히 살아간다. 그래서 세상은 돌아간다. 그 평범한 샐러리맨 같던 선배 검사(최귀화 분)는 묵묵히 자기 일을 해내어 결국 부장검사가 되었고 차기 검사장의 유력한 후보로 올랐으며, 안희연 검사(김소진 분)는 여성 최초의 감찰부장이 되었다."

여러분은 인기 배우 조인성이나 정우성, 그들이 연기한 주연인 박태수나 한강식에 관심을 두실지 모르겠습니다. 하지만 저는 사실 '세상을 돌아가게' 하는 '대부분의' '성실'하고 '자기 일에 충실한' 검사들에 관심이 있습니다. 영화는 영화일 뿐이고! 세상은 제자리에서 묵묵히 자기 일을 하나씩 하나씩 성실히 해내는 사람들에 의해 돌아간다고 믿고 있습니다.

지난 12장에서는 검찰 단계에서 이루어지는 형사조정의 실제 사례를 하나 소개해드렸는데요.

지나가다 '어깨가 부딪혀서' 혹은 술집에서 '눈이 마주쳐서' 싸움이 붙어 경찰서 신세를 지는 흔하디 흔한 폭행사건. 아마 전국에서 매일 수십 건이 일어나고 경찰서마다에는 언제든 현재 계류 중인 폭행사건을 찾아 볼 수 있을 것입니다. 일반 형사사건을 처리하는 검사들은 한 달에도 여러 건씩 그런 폭행사건들을 처리할 거구요.

폭행이나 상해 외에도 그와 같이 유사하게 검사들이 늘상 처리하는 사건들이 있지요. 절도, 사기, 음주운전, 무면허운전, 교통사고, 뺑소니, 모욕, 명예훼손, 강제추행, 임금이나 퇴직금 안 줘서 입건된 근로기준법 위반 등등.

강도, 강간, 살인, 피해액이 큰 경제범죄 등등 무거운 사건도 늘 있지만 상대적으로 숫자는 적은 편인 데 반해, 위에 거론한 범죄 유형들은 자주, 많이 발생하고, 우리 주변에서 늘 볼 수 있으며, 때론 생각지도 않게 우리 자신이 저지르게 되기도 하고 연루되기도 합니다.

그런 일상적인 사건·사고들이 범죄가 되어 형사절차를

거치게 될 때, 이를 적정히 처리하고 뒷정리하여 사회질서를 정돈하고 세상이 원활히 돌아갈 수 있게 해주는 것. 그래서 우리가 안심하고 편안하게 원하는 일들을 하며 살아갈 수 있도록 해주는 것. 그것이야말로 '중허디 중헌' 일이 아닐까요. 갑자기 "뭣이 중헌디!"라는 영화 〈곡성〉의 대사가 생각나는군요.

검사들이 하는 그런 '중헌' 일들 중 하나가 바로, 정식으로 기소해서 피고인을 법정에 세워 형사재판을 받게 할 것은 받게 하고, 그럴 필요가 없이 약식명령으로 처리하거나 또는 불기소 등을 통해 적정하게 피의자를 사회복귀시킬 것은 시키는 것입니다.

여러분들은 영화나 드라마를 보고서 검사들이 자의적으로 또는 모종의 거래에 의해 기소 여부를 마음대로 정한다고 오해하실 수도 있는데, 정식으로 기소를 할 것인지, 약식명령으로 처리할 것인지 또는 불기소를 할 것인지 등의 사건처리 방향에 관해서는 '기준'이란 것이 있습니다.

그리고 그 기준에는 당연히 '무엇이 중헌디'에 관한 가치관이 반영이 되고, 특히 사회의 변화에 따른 가치관의 변화도 반영이 되고 있다고 봅니다.

그래서 예전에는 별 문제로 삼지 않았던 유형의 범죄가 지금은 중한 것으로 심각하게 취급되고 정식으로 구공판되어 형사재판으로 넘겨지곤 하는 것이지요.

그러면 판사들도 예전에는 약식명령청구를 받아서 벌금

을 부과하던 사안에 대해 변화된 시각을 고려하게 되고 종전에 비해 중한 형도 고려하게 되겠지요.

그 기준 중의 중요한 하나가 '피해자'에 관한 것입니다.

피해자가 있는 범죄인가, 피해가 큰가 작은가, 피해가 회복되었는가, 어느 정도 회복되었는가, 피의자(가해자)[4]는 피해의 회복을 위해 진지하고 성실하게 노력을 하였는가, 피해회복이 이루어지지 않았다면 그것은 피의자(가해자)의 자성과 피해회복 노력이 부족해서인가 아니면 피해자가 이를 거부하거나 받아들여주지 않아서 못한 것인가, 피해자가 피의자(가해자)의 피해회복 노력을 받아들이지 않으려고 한다면, 그러한 피해자의 거절 의사는 형사절차에서 존중되어야 하는가 아닌가 또는 어느 정도까지 존중하고 어느 선에서 피의자(가해자)의 권리 또는 이익과 조화시켜야 하는가 등등.

검사는 사건에서 '피해', '피해자', '피해회복'에 관해 위와 같은 사항들을 치밀하게 고려하고, 피해자의 권리, 지위, 처지를 헤아려 사건을 적정하게 처리하고자 합니다.

검사는 단순히 범죄자를 수사해서 죄가 되면 기계적으로 기소하는 역할을 하는 사람이 아니라, '검사의 선서에 관한 규정'에도 나오는 바와 같이, "정의를 실현하고 인권을 수호하는 공익의 대표자"로서 범죄피해자의 권리와 지위, 처지를 헤아려 형사절차 진행의 적정한 방향을 잡는 사람입니다.[5]

지난 장에서 소개한 사례에서, 담당 검사는 피해자에게

발생한 상해 피해가 중한 것을 보았고 피해회복이 부족한 것을 보았습니다. 그러나 그대로 가해자들을 기소해버리지 않았습니다. 그 가해자들이 형사처벌 전력이 없었던 젊은 청년들이었는데, 그 사건이 당사자들 사이에 우발적으로 발생했던 것, 가해자들이 곧 후회를 했고 피해자에게 사과를 하고 싶어 했으며 피해회복의 의사도 있었던 것 등을 고려했던 것 같습니다. 또 한편으로는 사과를 받지도, 용서를 해주지도 않고 싶어 했던 피해자의 의사도 절차적으로 존중을 하면서도, 피해자에게 피해회복이 필요했던 상황과 처지도 헤아렸던 것 같습니다. 그래서 기소 전에 당사자들에게 기회를 주기 위하여 '형사조정'에 회부했던 것이 아닐까 합니다.

형사조정은 우리나라에서 위와 같이 검찰의 형사절차에서의 '피해자'에 대한 고려에서 시작되었다고 볼 수 있을 것 같습니다.

역사적으로 보면, 2003년에 대전의 피해자지원센터에서 피해자와 가해자 간의 형사조정을 검찰과 협의하에 시도하였다는 보고가 있었습니다.

그리고서 그 다음해인 2004년 법무부에서 〈범죄피해자 보호·지원 종합대책〉에 피해자지원센터에서 형사조정을 수행할 수 있도록 하는 내용을 넣어, 2005년 초경부터 전국의 검찰청과 지청에 대응하는 피해자지원센터를 두고 그 센터 산하의 화해중재위원회에서 형사조정을 시작했다고 합니다.

    2006년경부터는 고소사건을 중심으로 검찰이 피해자지원센터의 화해중재위원회, 2007년경에는 형사조정위원회로 이름이 바뀐 기구를 통해 형사조정을 시행하였고, 2008년경부터 범죄피해자보호법 개정을 통한 형사조정제도의 법제화가 시도되었습니다.

    그러다가 2010년경에 형사조정위원회를 피해자지원센터에서 분리시켜 검찰청 산하에 설치하여 형사조정을 수행하는 형태로 범죄피해자 보호법 개정이 이루어지면서, 비로소 형사조정제도가 우리 형사법제에 정식으로 들어오게 되었습니다.

    그래서 현재는 각 검찰청 및 지청 산하에 형사조정위원회가 있고 그 소속 형사조정위원들이 검사로부터 회부된 형사사건의 형사조정을 담당하고 있습니다.

    검사는 범죄피해자 보호법 제41조에 규정된 바에 따라 "당사자 사이에 형사분쟁을 공정하고 원만하게 해결하여 범죄피해자가 입은 피해를 실질적으로 회복하는 데 필요하다고 인정"되는 경우에 사건을 형사조정에 회부함으로써 피해자와 피의자, 그리고 나아가 사회 전체의 이익을 공정하게 고려하여 형사사건을 적정하게 처리하고 있는 것입니다.

    검찰의 형사조정제도는 우리나라에서 법제화 이후, 양적으로 제도가 활성화되어온 것은 물론, 질적으로도 발전적 변화가 있어왔다고 말할 수 있을 것 같습니다.[6]

    다음 장에서도 계속해서 형사조정제도에 대하여 구체적으로 살펴보기로 하겠습니다.

14

형사조정은 과연 회복적 사법의
친자가 될 수 있을까

여러분, 게이트키퍼gatekeeper라는 말 아시지요. 우리말로 문지기나 수문장이라고 할 수 있겠는데, 이들은 문 앞에 서서 문을 지나가는 사람들을 한 사람 한 사람 지켜보며 거르는 일을 합니다. 문 안으로 들여보내도 될 사람과 들여보내면 안 되는 사람을 거르고, 이쪽으로 보낼 사람과 저쪽으로 보낼 사람을 가리는 거지요.

유엔에서 발간한 《회복적 사법 프로그램에 관한 핸드북》의 '회복적 절차의 참여자들'이라는 장에 나오는 '검사' 부분을 보면 이런 대목이 나옵니다.

"최근에 조사된 바에 의하면 대륙법계든 영미법계든 많은 나라에서 가장 일반적인 회복적 사법 프로그램의 게이트키퍼는 검사다."

대륙법계든 영미법계든 법체계의 차이를 막론하고 수많은 나라에서 가장 일반적으로 발견되는 회복적 사법의 게이트키퍼가 검사라는 말이죠.

어떤 형사사건이 발생하고 사법절차를 밟게 되었을 때, 일정한 단계나 과정에서 그 사건이 회복적 사법에 적합한지 아닌지를 판단하고, 일반적인 기소나 재판절차를 밟을 것인지 아니면 회복적 사법 프로그램으로 회부할 것인지를 판단하거나 결정하는 재량을 갖는 역할을 바로 검사가 하는 나라가 많은 것으로 조사되었다는 뜻입니다.

우리나라 역시 형사조정제도는 검찰 단계에서 검사가 회부하도록 입법되어 있을 뿐 아니라, 경찰 단계나 법원 단계에서는 공식적인 형사조정제도 자체가 없기 때문에 형사사법절차에서 유일한 조정제도를 검찰이 가지고 있는 셈입니다. 그러니 우리나라도 앞서 조사된 나라들과 같은 범주에 포함된다고 할 수 있겠네요.

그런데 과연 우리나라도 정말 검사가 회복적 사법의 게이트키퍼인 나라에 속한다고 할 수 있을까요. 검사가 형사조정을 회부하는 권한을 가진 게이트키퍼인 것은 맞지만 그렇다고 해서 회복적 사법의 게이트키퍼라고까지 할 수 있을까요.

형사조정에 회부하는 검사가 회복적 사법의 게이트키퍼라고 할 수 있으려면 형사조정이 회복적 사법 프로그램이라야 하겠지요.

그런데 여러분이 보기에도 그러신가요. 혹시 우리나라의

형사조정제도를 직접 경험해보신 분들이 계시다면, 특히 고소인으로서나 피의자로서나 직접 형사조정의 당사자가 되어본 적이 있는 분들이라면, 각자의 경험에 기초해볼 때 어떤 생각들이 드시는지요.

지난 12장과 13장의 글을 읽어오신 분들은 갑자기 왜 제가 이렇게 뜨뜻미지근한 의문을 던질까 하고 궁금하실 겁니다. 12장에서는 검찰에서 실제로 이루어진 성공적인 형사조정의 사례를 하나 소개해드렸고, 이어 13장에서는 검사들이 하는 중요한 일 중 하나가 피해자 보호이며 피해자와 실질적 피해회복에 대한 고려하에서 검찰이 형사조정제도를 도입하였다고 말씀드렸으니까요. 실질적 피해회복을 도모하는 형사사건의 적정한 처리가 바로 회복적 사법의 이념과 맞닿아 있는 것이 아니겠는지요.

그런데 그런 제가 왜 갑자기 '과연 우리나라에서 검사가 회복적 사법의 게이트키퍼가 맞습니까'라는 질문을 하는 것일까요. 미리 솔직히 고백하자면, 사실 이 질문은 저의 질문이 아닙니다. 사실 저는 '우리나라에서 검사가 회복적 사법의 게이트키퍼가 맞다'라고 생각하고 있습니다. 정확히는 '우리나라에서 검사는 회복적 사법의 진정한 게이트키퍼가 되어야 한다'라고 생각하고 있어요(나아가 저는 형사절차에서 회복적 사법으로 들어가는 문이 하나가 아니고 게이트키퍼도 하나가 아니라고 보고 있습니다만 그 이야기는 기회가 있을 때 차차 하기로 하겠습니다).

우리나라 형사조정제도가 '회복적 사법'적인 것이냐는 질문은, 사실 그동안 학자들 사이에서나 형사조정제도를 비판적으로 보시는 분들 사이에서 늘 나왔던 문제제기였습니다.

"이 아이, 너무 안 닮았어! 친자식 맞어?" 마치 막장드라마 대사에 자주 나오는 것 같은 질문인 셈이지요.

우리나라에서 형사조정제도가 저런 질문을 받는 것은 다 그럴 만한 이유가 있습니다. 법무부와 검찰에서 범죄피해자 보호·지원 대책의 일환으로 형사조정제도를 도입한 것은 분명합니다만, 그 태생이 우리나라의 특수한 민사분쟁 성격의 고소사건의 처리와 연관되어 있기 때문입니다.

우리나라에서는 민사분쟁성 고소사건이 경찰이든 검찰이든 넘쳐납니다. 민사분쟁성 사건은 경찰과 검찰의 수사력을 상당히 소진시키면서도 실제 기소로 이어지는 비율이 매우 낮습니다. 그 때문에 수사기관이 정작 집중해야 할 곳에 수사력을 제대로 쓰지 못하는 게 현실이구요.

2005년경 피해자지원센터를 중심으로 형사조정이 시도되던 때에, 한편으로 대검찰청에서는 넘쳐나는 고소사건의 처리 방안이 다각적으로 강구되고 있었죠. 그리고 결국 피해자지원센터의 형사조정이 신속하고 실질적인 피해회복뿐 아니라 재산범죄 고소사건의 처리 방편의 성격을 겸하게 된 것입니다.

즉, 우리나라의 형사조정제도는 태생부터 민사분쟁성 고

소사건의 처리 방편적 성격이 있었고, 이는 검사의 수사력을 좀 더 중요한 형사사건의 처리에 집중시키기 위한 측면이 있기도 하였다는 것입니다.

현재 범죄피해자 보호법 시행령 제46조에 규정한 형사조정 대상 사건을 보더라도, 제1호 "차용금, 공사대금, 투자금 등 개인 간 금전거래로 인하여 발생한 분쟁으로서 사기, 횡령, 배임 등으로 고소된 재산범죄 사건", 제2호 "개인 간의 명예훼손·모욕, 경계 침범, 지식재산권 침해, 임금체불 등 사적 분쟁에 대한 고소사건"으로, 민사분쟁성 고소사건이 우선 규정되어 있습니다.

위와 같은 사건들은 일반적으로 회복적 사법에 적합한 사건으로 여겨지는 것들은 아니지요. 회복적 사법이 필요한 유형은 보통 돈보다는 관계가 문제인 사건, 범죄로 인해 관계가 파괴되거나 공동체 내에서 그 깨어진 관계의 회복이 필요한 사건들이 거론되곤 하니까요. 돈만으로 곧바로 피해가 전보되는 사건들은 굳이 회복적 사법 프로세스를 적용하기보다는 그냥 민사소송을 하면 되는 것이니까요.

아무튼 그 외에 제3호에 "제1호 및 제2호에서 규정한 사항 외에 형사조정에 회부하는 것이 분쟁 해결에 적합하다고 판단되는 고소사건"과 제4호에 "고소사건 외에 일반 형사사건 중 제1호부터 제3호까지에 준하는 사건"을 규정하고 있어서, 이를 근거로 회복적 사법에 기반한 접근이 필요한 사건들이 광범위하게 형사조정의 대상이 될 수 있다고 해석되고는 있습니다만, 현실적으로 아직도 많은 수의 형사조정은 임금체불 등 근로기준법 위반사건이나 사기, 횡령 등 민사분쟁성 고소사건 등이 차지하고 있습니다.

그러니 "이 아이, 친자식 맞어? 너무 안 닮았어!"라는 막장드라마 대사처럼, "우리나라 형사조정제도가 회복적 사법제도 맞어? 안 닮았잖아!"라는 비판이 나오고 있던 것이지요.

여러분, 막장드라마들 보시나요? 막장드라마들을 보면, 자식으로 키우는 주인공이 나중에 보니 어디서 주워온 아이를 키운 것이었고, 그래서 그 사실을 알게 된 주인공이 방황하거나 다른 등장인물들과 갈등을 빚게 되지요.

그런데 막장드라마가 왜 막장드라마인가요. 종반으로 흘러가면서 반전에 반전을 거듭하다가, 결국 주워 키운 아이에 대한 진실이 밝혀지고 보니 아기일 때 잃어버렸던 친자식이었더라, 뭐 이런 결말로 이어지기도 합니다.

"그래, 어쩐지! 피는 못 속여! 얼굴은 안 닮았는데 어째 하는 짓이 그렇게 똑같더라니!" 이런 대사로 마무리가 되곤 합니다.

우리나라 사람들이 수사기관에 민사분쟁성 고소를 많이 하는 것은, 민사소송에 필요한 증거수집을 형사고소를 통해 수사기관에 의존해서 하려는 경향 때문입니다. 이는 법률행위를 계약서 등 명확한 서면에 기초하지 않고 두루뭉술하게 했다가 추후 분쟁이 생기면 그제야 당사자나 관련자의 진술에 의존하여 사안을 확인하려니 빚어지는 결과이구요. 혹자는 미국의 디스커버리 제도 같은 것이 없는 우리 법제에서 마땅한 증거수집 수단이 없기 때문에 수사기관에 의존할 수밖에 없는 문제가 생긴다고도 합니다. 어쨌든 이러한 현실에서 넘쳐나는 고소사건 처리 방안으로 형사조정제도를 찾아낸 것은 우리 사회의 특수성이고 달리 대안도 없는 것일 수 있습니다.

말하자면 아이를 키우려고 밖에서 데려온 것이지요. 하지만 그 아이는 알고 보니 갓난아기일 때 잃어버린 내 친자식이었던 겁니다. 형사조정제도는 고소사건 처리에 기여하고 있지만, 회복적 사법의 피가 흐르는 친자식이고, 처음엔 안 닮은 것 같던 생김새나 몸짓도 커가며 점점 변하고 있는 것이지요. 민사분쟁성 고소사건이 넘쳐나는 특수성이 없었더라면 우리나라 형사조정제도는 처음부터 회복적 사법의 친자식으로 알아볼 외양을 취했을지 모릅니다.

하지만 출발은 다소 꼬였을지 몰라도 법제화된 지 10여 년이 지나면서 질적으로 상당한 진전과 변화가 있었고, 검찰에서도 형사조정제도의 이념적 기초를 회복적 사법으로 확립하여 그에 기반한 형사조정제도를 정착시키고자 큰 노력을 하고 있습니다. 그에 대하여 다음 장에 이어서 계속 이야기 나누겠습니다.[7]

(※ 막장드라마의 흔한 스토리에 비유하다보니, 드라마 대사에 나오는 표현을 차용하게 된 것일 뿐, 입양아나 친자나 사랑으로 키우는 귀한 자식인 것은 똑같습니다.)

15

형사조정위원
사용설명서

살다보면 아찔한 순간들이 있지요. 살면서 결코 맞닥뜨리고 싶지 않은 순간, 피할 수만 있다면 가능한 한 피하고 싶은 순간들이요. 성경에도 보면, 예수가 잡혀가기 전날 밤새도록 했던 기도 중에 "제발 피할 수만 있다면 이 잔이 지나가게 하소서!"라고 읍소한 대목이 나옵니다.

아무 죄가 없는 하나님의 아들조차도 피할 수만 있다면 피하고 싶었던 그것. 고소·고발을 당하고 수사를 받고 재판을 받고 형벌을 받는 것. 인간으로서는 참으로 감당하기 어렵고 생각만 해도 아찔해지는 것 아니겠습니까.

어떻게든 막아보려고 애를 쓰며 한 달 한 달 이리 메꾸고 저리 메꾸다 드디어 어느 날 부도가 나고, 결국 채권자들이 고소를 하고 근로자들이 진정을 내면서 수사기관에서 날아온 출석요구서를 받아드는 순간, 눈앞이 캄캄하고 다리가 후들거리지요.

술 먹다 시비가 붙어 먹살이 잡히고 실컷 맞다가 에라 모르겠다 하고 딱 한번 주먹을 날렸는데, 아뿔싸! 상대가 얼굴에 피를 철철 흘리며 쓰러집니다. 눈뼈 코뼈 다 나가고 수술비며 치료비가 엄청나게 든다는 얘기를 듣고 물어줄 돈 걱정하고 있는 와중에, 경찰에서 조사받으러 나오라는 전화를 받는 순간, 가슴이 답답해지고 혀가 바짝 마르지요.

공유사이트에 파일을 올렸는데 저작권법 위반으로 고소당했다거나, 인터넷에서 댓글 논쟁을 하다가 감정이 격해져 험한 말을 몇 줄 썼는데 명예훼손, 모욕으로 고소당했다거나, 사귀는 사이에 헤어지네 마네 싸우다가 술 먹고 함께 모텔까지 가게 돼서 자기 딴에는 잘 풀었다고 생각하고 있었는데 갑자기 강간죄로 고소당했다면서 조사받으러 오라는 등, 경찰서에서 갑자기 연락이 오거나 출석요구서가 날아오면 정말 어찌할 바를 모르고 눈앞이 아득하니 아찔해질 겁니다.

한편 그와 같은 상황을 피하고 싶은 것이 비단 고소당한 사람뿐일까요?

사실 술 먹고 잘 푼 줄로만 알았다가 강간죄로 고소당한 사람과는 전혀 다른 기억과 스토리가 상대방에게서 발견되는 경우, 종종 있지요. 피해자 입장에서는 헤어지자는 의사를 여러 번 밝혔음에도, 귓등으로 듣더니 싫다는데도 술자리에 끌고 다니다 강제로 모텔까지 데려가 결국 힘으로 눌러 성관계까지 한 애인. 고심 끝에 고소장을 내긴 했지만, 다시 꺼내기 싫은 끔찍한 기억을 수사와 재판에서 몇 번이고 되풀이해서 말해야 하는 괴로움을 피하고 싶기는 피해자도 마찬가지일 것입니다.

누군가로부터 힘이나 말로 가해를 당하든, 또는 생각지 않게 뒤통수 맞듯이 갑자기 누군가에 의해 돈을 뺏기거나 날리거나 어떤 형태로든 재산상 피해를 입게 되든, 하다못해 교통사고를 당하든, 크든 작든, 가볍든 심각하든 범죄피해를 당하는 일 같은 건 누구라도 결코 평생에 단 한 번이라도 겪고 싶지 않은 일일 겁니다.

고소를 당하거나 수사기관에 불려 다니는 것, 범죄의 피해자가 되어 고통을 당하는 것, 양자 모두 웬만하면 피하고 싶은 일이고, 피의자든 피해자든 경찰서나 검찰청은 피하고 싶고 안 가고 싶은 곳일 텐데요.

어찌 보면 그렇게 절대 가고 싶지 않은 곳에서 생각지 않게 만나는 귀인 같은 존재가 바로 형사조정위원일지도 모르겠습니다.

"에에? 변호사라면 모를까, 형사조정위원이요?!"

여러분들 중에 몇몇은 이렇게 말씀하실지도 모르겠네요. 하지만 맞습니다. 형사조정위원이 바로 사지死地에서 만나는 귀인일 수 있어요.

피해자에게 형사조정위원은 범죄로 인해 받은 직접적인 피해결과뿐 아니라, 그로 인해 입은 간접적인 피해, 2차적인 피해, 후속적으로 따르게 된 피해들에 대해서까지 잘 들어주고 잘 보아주며, 무엇보다도 범죄피해로 인해 얼마나 힘들고 괴롭고 놀라고 화나고 슬프고 무섭고 고통스러운지 등등 그 마음을 잘 알아줄 겁니다.

그리고 형사조정위원은 피해회복을 위해 피해자에게 필요한 게 무엇인지, 원하는 게 무엇인지를 잘 들어주고, 때론 극심한 분노 때문에 비합리적인 요구를 할 때조차도 그 마음을 잘 이해해주면서 피해자에게 실질적으로 도움이 될 수 있게 합리적으로 상황을 파악하고 의사결정을 하는 길을 안내해줄 수 있습니다.

또한 범죄의 피해로 인한 결과와 고통에 가해자를 직면시켜주어 가해자가 피해자에게 진정 미안한 마음과 책임감을 가지게 함으로써 피해회복이 신속하고도 실질적으로 이루어질 수 있도록 도와줄 수 있습니다.

피해자 입장에서 형사조정에 회부된다는 소식을 들었을 때, 분노나 두려움, 실망감으로 지레 "난 합의 따위는 안 하겠어!"라고 무조건 형사조정을 거부하기보다는, 오히려 형사조정위원에게 내가 입은 피해, 현재의 심경, 진짜로 원하는 것이 무엇인지 등 마음을 잘 정리해 가서, 조단조단 잘 이야기해보는 편이 낫습니다. 형사조정이 다짜고짜 합의를 하라는 것은 절대 아니니까요.

조정의 결과로 합의에 이를 수도 있지만 그보다도 문제를 해결하기 위한 대화의 기회를 갖는 것 자체가 가치롭고 이익이 될 뿐 아니라, 형사조정위원에게 범죄피해에 대한 이야기를 하는 시간 자체가 때론 피해의 치유에 도움이 되기도 하니까요.

한편 형사조정위원은 피의자가 된 가해자라고 하더라도, 아무리 잘못한 사람이라 하더라도, 범죄에 이르게 된 경위라든가 그 나름의 사정, 그리고 억울함을 들어줍니다.

피의자 입장에서 수사기관은 단지 범죄행위 입증을 위해 일방적으로 취조를 하는 두려운 권력기관일 수 있겠지만, 검찰청에서 만나는 형사조정위원은 피의자의 입장에서의 억울한 사정에도 공감하며 귀를 기울여줄 수 있는 유일한 사람일 수 있는 겁니다.

그리고 피의자의 입장과 형편에서 어떻게 피해자의 피해회복에 최선을 다할 수 있을지를 함께 고민해주고 피해자와 가교 역할을 해줄 수 있지요.

진정으로 미안해하고 있다는 마음을 전달해줄 수도 있고, 진심으로 사죄하고 용서받고 싶다는, 최선을 다해 책임을 지고 피해를 회복해주고 싶다는 진심을 잘 전달해줄 수 있는 조정자 역할을 할 수 있는 사람이 바로 형사조정위원일 겁니다.

피의자 입장에서도 형사조정을 무조건 회피하려 하거나 방어적, 일시모면적으로 대응하지 말고, 용기와 진솔한 마음을 가지고 적극적으로 형사조정위원의 도움을 얻으며 책임지는 자세를 가져보는 것이 형사피의자로서의 문제해결에 실질적으로 도움이 될 수 있다고 믿습니다.

　여러분은 어떠세요? 원치 않게 형사사건에 연루되어 고소를 당했든 피해를 당했든, 두렵고 걱정되는 마음으로 검찰청에 불려가게 되었을 때, 범죄 수사나 피해 조사가 아니라, 내 말을 들어주고 내 마음을 알아주는 사람이 있다면 참으로 마음이 놓이고 안심이 되겠죠?

　게다가 어려운 상대와의 엉키기 십상인 대화를 잘 연결해서 형사적 갈등과 분쟁을 잘 해결할 수 있도록 도와준다니 얼마나 고맙고 다행스럽겠습니까. 정말 귀인이 따로 없겠지요.

　물론 앞에서 그린 형사조정위원의 모습은 아주 이상적인 그림입니다. 2010년도에 범죄피해자 보호법에 형사조정제도가 들어와, 형사절차의 검찰 단계에서 형사조정을 실시하게 된 지 불과 10년도 되지 않은 지금, 그 담당 주체인 형사조정위원들의 역량과 자질이 국민들의 눈에 찰 정도로 충분하다고 말하기는 아직 시기상조일 수 있습니다.

　하지만 우리나라 형사조정은 해마다 증가하고 있어서 형사조정 의뢰 건수가 2011년도에 2만 건도 채 안 되었던 것이 2016년도에는 11만 건을 넘어섰고 2017년도에는 11만 8,113건으로 집계되었으며, 2018년에는 6월까지 6만 5,838건이었으므로,[8] 아마 2019년에는 12만 건이 넘어서지 않을까 추측해

보는데요.

우리나라 검찰은 이와 같이 형사조정제도를 양적으로 활성화하기 위해 노력하고 있는 것은 물론, 그 질적 개선을 위한 노력도 꾸준히 해오고 있는데, 그 핵심에 바로 형사조정위원들에 대한 교육과 훈련의 강화가 있습니다.

즉, 형사조정위원회는 각 지검, 지청 단위로 관리되고 있기 때문에 각 지검, 지청 단위에서의 꾸준한 교육이 이루어지고 있습니다. 그뿐 아니라 대검찰청 차원에서도 2008년 이후 매년 형사조정위원들에 대한 전문화 교육을 시행해오고 있습니다.

2014년도에 그 체계적 훈련 프로그램 개발 및 교육 자료로 《형사조정의 이론과 실무》라는 책을 대검찰청에서 발간했고 2018년에는 벌써 증보판이 나왔으며, 역시 서울, 대전, 광주, 대구, 부산, 고검 단위에서 전국 형사조정위원 전문화 교육을 마쳤습니다.

그동안 지역에 따라서는 개별적인 형사조정위원들의 헌신과 노력으로 형사조정이 잘 진행되어오기도 했지만 부족한 부분도 적지 않았는데, 점차 문제점이 개선되고 전국적, 체계적으로 형사조정위원들의 자질과 역량이 향상되어가면서 형사조정제도가 회복적 사법 이념에 제대로 뿌리를 둔 제도로 거듭나게 될 것으로 기대가 됩니다. 물론 그 이익이 결국 우리 국민들에게 돌아갈 것은 자명하구요.

아쉬운 것은, 형사조정은 늘어나고 있는데 예산은 늘 부족한 데다 그마저도 범죄피해자보호기금을 재원으로 하고 있다는 점입니다.

즉, 형사조정의 근거법률이 범죄피해자 보호법이다보니 범죄피해자보호기금에다 형사조정 예산을 편성하고 있습니다만, 늘어나는 수요를 다 메우지 못하고 2017년도에는 범죄피해자 치료비 중 불용예산에서 끌어왔고 2016년에도 범죄피해자 치료, 자립지원, 신변보호강화 사업 예산에서 끌어오는 등 부족분을 메워오고 있는데,[9] 범죄피해자보호기금은 말 그대로 범죄피해자 보호를 위한 직·간접 용도에 우선 사용되어야 바람직합니다.

형사조정 예산은 중장기적으로는 법무부 일반회계 예산으로 편성하되, 형사조정제도가 우리나라 형사사법 시스템에서 명실상부한 기본적 회복적 사법 프로그램으로 자리 잡을 수 있도록 충분한 자금이 지원되어야 할 것입니다.

형사조정위원이 사막에서 만나는 오아시스처럼 진짜 귀인의 역할을 할 수 있도록, 그분들이 양질의 교육과 훈련을 받고 당사자들에게 필요한 시간과 에너지를 충분히 투여할 수 있도록 보수를 적정화하는 것 등에 필요한 예산이 충분히 지원되었으면 합니다.

자, 그동안 검찰 단계의 형사조정제도에 대해 여러 측면에서 살펴보았는데요. 여러분, 이제는 법원 단계의 회복적 사법에 대해서 다음 차례로 이야기해볼까요.

5부 ———————— **형사재판과
회복적
사법**

16

당사자의 의사意思
vs.
당사자의 니즈needs

"따님이 사망한 지는 얼마나 되셨지요?"

"9개월 되었습니다."

"피해자 유족은 누구누구가 있으세요?"

"저하고, 애들 엄마하고, 그 애 동생이 있습니다."

"피해자 아버지 되시는데, 법정에 직접 모셔서, 피고인에 대한 의사가 어떠신지 들어보려고 증인으로 오시도록 했습니다."

"네."

"현재도 피고인에 대해서 처벌을 원하시나요?"

"네."

"혹시 그 이유를 말씀해줄 수 있으실까요?"

진정서에서 글씨로만 접하던 그 아버지를 막상 법정에서 직접 대하니, 고통에 시달려 거무죽죽해진 낯빛이며, 일그러진 채로 굳어진 그 표정이며, 차마 계속 질문을 하기도 미안할 정도였습니다.

'존경하는 판사님, 억울하게 죽은 제 딸의 영혼을 생각하시어 현명한 판결을 부탁드립니다'라며 피고인을 엄벌에 처해달라고 여러 차례 진정서를 냈던 아버지였지요.

피고인을 엄벌에 처해달라고 피해자 유족이 수차례 진정을 냈다면, 판사로서는 아, 피해회복이 되지 않았구나, 피해자 측에서는 피고인의 처벌을 원하는구나, 하고 이해하면 될 터인데, 왜 굳이 죽은 피해자 아버지를 법정에 불렀느냐구요?

네, 이번 장의 이야기는 여기서부터 시작됩니다.

사실 그 사고는 피고인이 잘못을 하긴 했지만, 안타깝게도 그의 차에 치인 피해자의 과실이 더 컸던 교통사고였어요. 그런데 불행하게도 피해자의 사망이라는 최악의 결과를 낳았고, 그로써 피해자의 가정은 물론, 운전자였던 피고인의 가정도 그 일로 함께 고통의 소용돌이에 빨려 들어가버렸지요.

피해자 아버지처럼 피고인에게도 두 딸과 가정이 있었어요. 그날도 식구들을 위해 겨울 새벽 칼바람 속에 출근길 운전대를 잡았던 것이었어요. 마침 피해자도 새벽에 알바 나간다고 급히 길을 건너다 피고인의 차에 부딪히게 된 것이었죠.

피고인은 딸 같은 피해자의 마지막 모습, 도로에 쏟아진

도시락, 그때의 장면들이 자꾸 떠올랐어요. 그 사고 이후 사람들이 자기 차에 뛰어드는 것 같은 착각이 들어 운전대를 다시 잡지 못했고, 그 때문에 다니던 회사를 그만둔 것은 물론 취직도 어려워 일용직 막일로 전전하게 되었습니다.

게다가 형사재판의 피고인이 된다는 것이 주는 두려움과 중압감을 견뎌내기가 여간 힘들지 않았어요. 아무리 피해자 과실이 크다고 하더라도 교통사고치사사건인데[1] 무거운 벌을 받지 않을까, 혹시 구속이 되면 어떡하나, 만약 감옥에 가게 되면 아직 어린 두 딸과 아내는 어떻게 살아가나, 이런 걱정과 두려움에 짓눌려서 불면증 약을 먹기도 하고 복통으로 응급실에 실려가기도 했어요.

피고인은 반성 정도를 넘어서 죄책감에 스스로를 괴롭힐 정도였고, 피해자 유족에게도 잘못을 빌고 용서를 받고 싶었지만, 피해자 유족들은 피고인의 사과를 받아주지 않았고 합의해주기를 거절하였습니다. 오히려 엄벌 진정서를 반복해 내고 있었던 것이죠.

그런 피고인 때문에 그 아내와 어린 두 딸도 재판에 연일 탄원서를 내고 있었습니다.

'정말 열심히 살았고, 그러다가 불행하게 이런 사고가 났다는 것을 생각해주시길 간곡히 부탁드립니다. 제발 아이들을 봐서라도 실형만은 면하도록 너그러이 선처해주세요.'

'딸에게 성실한 모습을 보여준 우리 아빠의 죄를 용서해주시고 가족이 계속 함께 지낼 수 있게 해주세요.'

그런데 왜 피해자 아버지는 피고인에 대해 그렇게 마음이 굳게 된 것일까요?

네, 그것이 바로 피해자 아버지를 법정에 양형증인(양형사유의 심리에 필요한 증인)으로 소환하게 된 이유였습니다.

불행이라고 해야 할지, 비극이라고 해야 할지, 피고인은 형 선고를 받을 위험 앞에 놓인 자신의 절박한 처지와 입장에만 매몰되어 시야가 협소해진 한계를 극복하지 못한 채, 여러 차례 시도에도 불구하고, 딸을 잃은 부모에게 사과와 위로의 마음을 전하는 데에 결국 실패하고 만 겁니다.

사과의 말을 충분히 마치기도 전에 변명의 말이 나오고 피해자의 잘못을 지적하는 말이 새어 나와버렸죠. 위로의 말을 제대로 건네기도 전에 어느새 자신의 힘든 처지와 상황을 나열해버렸고요. 미처 사과를 받아들이기도 전에 용서를 재촉하는 마음이 앞서기도 했지요. 자식 잃은 부모의 마음을 헤아려 기다려주었어야 할 때에 앞서 성급히 합의금 얘기가 나오곤 했습니다.

피해자의 아버지는 사고의 경위를 잘 알고 있었고 자식의 과실을 크게 상계하고 배상한 보험회사의 제안도 그냥 받아들였을 정도로 피고인만의 잘못이 아니라는 것을 알고 있었습니다만, 그럼에도 피고인의 서투른 말들은 자식을 잃은 비통함 속에 있는 부모에겐 참고 받아들일 만한 사과와 위로의 말들이 되지 못하고 그저 비수가 되어 또 다른 상처를 내는 비극을 낳게 되었습니다.

그래서 견디다 못한 피해자 유족들은 경찰, 검찰을 거쳐 법원에 오는 동안, 여러 차례 반복하여 피고인에 대한 엄벌 진정서를 내게 되었습니다.

그런 피해자 유족의 행동에 더 궁지에 몰렸다고 느낀 피고인은 피해자와 피해자 아버지에 대한 원망감에 비난까지 하는 지경에 이르렀고, 그게 악순환이 되면서 서로 관계가 더 나빠지고 서로에게 주는 고통이 더 커진 것이지요.

그런 상황에서 피고인에 대한 양형사유, 특히 '피해회복 여부', '피고인의 실질적 피해회복 노력과 정도'를 어떻게 판단할지는 매우 어려운 문제였습니다.

그리고 무엇보다도, 피해자 아버지가 반복해서 낸 진정서의 내용을 찬찬히 살펴보면 한 가지 이상한 점이 있었습니다.

'내 딸이 과실이 있다는 것을 부정하지 않습니다. 하지만 사람이 죽었는데 사과나 미안함이 보이지 않는 것을 참기가 어렵습니다.'

'진심 어린 사과를 한다면 같이 자식 키우는 입장에서 원만히 합의해 줄 텐데 진심이 없어 보입니다.'

'자식 잃은 부모로서 진정한 사과와 용서를 바라는데 적반하장이니 합의나 용서를 못하겠습니다.'

'한 가지 바라는 것이 있다면 진심 어린 마음으로 죄송하다는 말 한마디가 듣고 싶을 뿐입니다. 벌써 9개월이 흘렀지만 제 아내는 정신과 약으로 겨우 버티고 있습니다. 아직 꽃다

운 나이에 간 딸을 생각하면 너무 슬프고 안타까운데, 가해자도 우리의 이 고통을 알기를 바랍니다.'

'그러니 피고인을 부디 엄벌에 처해주십시오.'

저는 여러 번 반복해서 읽어보았지만 그 아버지의 마음이 무엇인지 헷갈렸습니다. 딸을 보낸 슬픔과 아픔 속에 있는 아버지의 마음을 하나라도 놓치지 않고 잘 이해하려고 애를 썼습니다만, 그 아버지가 정말 원하는 것이 무엇인지 혼란스러웠습니다.

분명 그 아버지는 피고인에 대한 처벌을 원하는 의사의 표현을 명시적으로 여러 차례 반복해서 하고 있었습니다. 그런데 한편으로는 '진심 어린 사과'를 원할 뿐이라고 마찬가지로 반복해서 수차례 말하고 있었던 거지요. 제가 이해하기로 그 아버지는 분명, '피고인으로부터 진심 어린 사과의 말을 듣는 것'을 원하고 있었고, 그 또한 명시적으로 계속 표현하고 있었습니다.

그래서 저는 고심하게 되었습니다. 그 아버지는 피고인에 대해 종국적으로 처벌을 원하는 것인가, 아니면 피고인으로부터 진심 어린 사과를 받는다면 피고인을 용서하겠다는 것인가.

아니, 피고인으로부터, 즉 딸에 대한 가해 당사자 본인으로부터 꼭 진심 어린 사과를 받고 싶고 받아야 하겠다, 그래야 마음이 좀 풀리겠다는 것인가, 그런 의미의 사과를 받는 것이 필요하다는 뜻인가.

그 아버지가 낸 진정서를 반복해서 읽어볼수록, 피고인으로부터 '진심 어린 사과'를 듣고 싶다는 말이, 단지 그러면 합의해주고 아니면 안 해주겠다는 식의 단순한 조건문이라거나 피고인을 위한 것이 아니라(피고인의 감형을 위해 합의를 간청하니 피고인을 위해서 사과를 조건으로 합의를 해주겠다는 식의), 바로 자기 자신을 위한 것이 아닌가 하는 생각이 들었습니다.

불행하게 일찍 간 딸을 위해서, 그 딸을 잃은 부모와 남은 유족인 자신들을 위해서, 바로 그 해당 행위를 한 당사자로부터 진정 마음에서 우러나는 진심 어린 사죄의 말을 듣는 것, '제가 당신에게 잘못을 했습니다. 정말로 미안합니다. 저를 용서해주세요' 하는 진심 어린 마음과 그 표현을 듣는 것 자체를 필요로 하고 원한다는 느낌을 받았습니다.

피해자 유족의 표면적인 의사_{意思}는 피고인에 대한 처벌을 구하고 있으나, 피해자 유족이 진짜 원하고 그들에게 필요한 니즈^{needs}는 '가해자로부터의 진심 어린 사과를 받는 것'과 그를 통한 위로(라는 말로 다할 수 없는 마음의 치유와 회복)가 아닌가 하는 것이지요.

이를 그 아버지가 낸 숱한 진정서들 사이에서 발견하였고, 그 아버지를 위해서나 피고인을 위해서나 이를 확실히 확인할 필요가 있었습니다. 그리고 형 선고 전에는 그들에게 그러한 기회와 시간을 줄 필요가 있었습니다. 그래서 고심 끝에 어렵게 그 아버지를 양형증인으로 채택하여 소환하게 된 것이었습니다.

이 재판을 했던 때가 벌써 5년도 넘었습니다마는, 그 두 분 아버지의 모습은 지금도 생생합니다. 제 재판의 피해자, 피고인이었음에도 그 두 분이 보여준 용기와 그로 인한 변화에 저는 깊이 감동하였고 인간적으로 참으로 존경스럽다는 마음이 올라왔었던 특별한 기억 때문이지요.

비록 형사사건이긴 하였지만 이 사건 같은 교통사고는 평범한 사람이라도 살다가 언제든 그 피해자 아버지나, 또는 피고인이 된 아버지와 같은 입장이 될 수 있지 않을까요. 그런 상황에 맞닥뜨렸을 때 저도 그 두 분처럼 어떤 한계와 문제 안에 불가피하게 갇혀버릴 수도 있겠다는 생각도 들고요.

그런데 과연 저는 결국에 그 두 분처럼 아름다운 결말을 맺을 용기나 힘을 낼 수 있을까 생각해보면, 글쎄요, 솔직히 장담을 못하겠더군요.

그 두 분이 대체 어떤 결말을 맺었기에 이와 같은 얘기를 하느냐구요? 네, 다음 장에서 계속 이어서 이 두 분의 이야기를 마저 따라가보시지요.

17

대화로 나아가는 용기

"저한테는 하늘 같은 딸인데, 거기다 대놓고 험한 말이나 하고 그래서, 도저히 용서가 안 돼서 그럽니다."

잔뜩 인상 쓴 어두운 낯빛으로 증인석에 앉아 있던 아버지는 띄엄띄엄 말을 이어가며 힘들게 답변을 했습니다.

피고인에 대한 처벌을 원하는 이유가 무엇인지를 묻는 판사의 질문에 대한 대답이었지요. 딸을 교통사고로 잃은 아버지로서, 사고를 낸 피고인에 대한 형사재판에 양형증인(양형사유의 심리를 위하여 채택된 증인)으로 소환된 터였습니다.

그 말을 듣는 피고인의 얼굴은 안 그래도 괴로워 보이는 표정이 더 일그러졌습니다. 형사 피고인이 되었지만, 피해자 과실이 훨씬 큰 교통사고였기에 억울하기 짝이 없었겠지요. 게다가 만약 피해자 아버지가 원하는 대로 피고인에게 형사처벌이 무겁게 내려진다면, 그의 두 딸과 아내도 끝이라는 생각에 가장으로서 두렵고 절망스러웠을 겁니다.

그런데 담당 판사였던 저는 피해자 아버지의 답변이 무슨 뜻인지 잘 이해가 되지 않았습니다.

'용서가 안 되니 처벌을 해달라?! 그렇다면 용서를 하게 되면 처벌을 하지 말라는 뜻인가. 용서를 해주고는 싶은데 용서받을 행동을 안 해서 용서를 못하니 처벌을 해달라는 뜻인가. 혹시 용서를 절대 안 할 생각이니 무조건 처벌을 해달라는 뜻인가. 대체 무슨 말이지?'

저에게는 피해자 아버지의 말이 모호하게 들렸습니다. 무엇보다 이해가 안 되는 부분은, 피고인을 처벌하는 데 왜 '용서'를 연관시킬까 하는 것이었습니다.

여러분이 판사라면, 어찌되었든 피해자 아버지가 피고인에 대한 처벌의사를 밝히고 있으니, 그에 따라 재판해서 판결하면 될 것이라 생각하실 수도 있겠습니다.

피해자 아버지의 말뜻을 고민하는 저를 오히려 이해하지 못하겠다고 하실 수도 있고, 제가 쓸데없는 고민을 한다고 비칠지도 모르겠습니다.

하지만 담당 판사로서 양형증인으로 소환한 피해자 아버지의 위와 같은 말은 깊이 고민해볼 필요가 있었습니다. 다소 길지 모르겠지만 그래도 이 부분은 형사재판의 '양형심리'를 하는 데 중요한 부분이니 찬찬히 말씀드려보겠습니다.

피고인에 대한 유·무죄 판단만큼이나 중요한 것이 형사 재판에서 양형을 정하는 것입니다. 그런데 우리 3심제 법제에서 양형심리는 3심인 법률심을 제외하고 2심까지 할 수 있고, 이 사건은 이제 1심 양형심리를 시작하는 단계에 있었습니다. 이렇게 양형에 관해서는 어느 정도 시간이 주어지기 때문에, 1심을 지나 2심 변론종결시까지의 양형심리 과정에서, 그리고 최종적으로는 2심 판결 선고 직전까지의 시한 동안, 양형사유들은 피고인에게 유리하게 또는 불리하게 변화할 수가 있는 것입니다.

그러한 양형사유 중 피해자가 있는 범죄에 있어서 '피해'의 '크기와 경중 등'은 양형이 늘고 주는 중요한 기준이 됩니다. 즉, 피고인의 '행위'가 고의에 의한 것이냐, 과실에 의한 것이냐, 또는 행위 자체가 중한가, 경한가 하는 것과 별도로, '결과' 발생인 '피해'의 크기나 경중 등은 그 자체가 또 하나의 중요한 양형 판단 기준이 된다는 것이지요. 형법학자들은 이를 '행위불법'과 '결과불법'으로 나누어 보기도 합니다.[2]

아무튼 그러하기에 그 피해를 피고인이 범죄 이후에 없애버렸느냐 또는 좀 줄이기라도 했느냐, 그대로 두었느냐, 아니면 오히려 범죄 이후에도 어떠한 행위를 통해 피해를 더 확대시켰느냐 하는 '피고인의 피해회복 여부 및 정도' 또는 '피고인의 실질적 피해회복을 위한 노력' 등은 매우 중요한 양형사유가 됩니다. 그리고 피고인이 피해자의 피해를 회복해준 결과, 피해자가 재판부에 '피고인에 대한 형사처벌을 피해자로서는 원하지 않습니다'라는 처벌불원의 의사표시를 해주는 것이 피고인에 대한 중요한 감형사유가 될 수 있는 것입니다.

이렇듯 중요한 양형사유인 '피해회복'에 관한 심리를 이제 시작한 1심 단계에서, 피해자 아버지가 만약, '우리는 어떠한 경우에도 사과도 배상금도 받지 않을 것입니다. 피고인을 형사처벌해주시기를 원합니다'라는 확정적이고 최종적인 의사표현을 했다면 1심 양형심리를 마무리하고 변론을 종결했을 것입니다.

하지만 그 피해자 아버지와 가족들은 지난 장에서 말씀드렸던 것처럼, 여러 차례 진정서를 내면서, '진정한 사과를 원하는데 하지 않으니 처벌해달라'고 반복해서 말했고, 법정에 양형증인으로 나와서도 '용서를 못하겠으니 처벌을 해달라'고 말하고 있었던 것입니다.

그러니 만약 그 이후 1심 변론종결 전까지 또는 1심 판결에 있어서 최종적으로는 1심 판결 선고 직전까지라도, 피고인이 피해자 유족에게 진정한 사과를 하고 피해자 측이 이를 받아들여 피고인을 용서한다면 피해자 측은 피고인에 대해 처벌불원 의사를 표할 수도 있다는 얘기가 됩니다. 그러면 판사는 그러한 내용을 양형에 어떻게 반영할 것인지를 다시 판단해야 하는 것입니다.

한편 피고인 역시 만약, '나는 전혀 아무런 잘못이 없습니다. 따라서 피해자 측에 사과할 생각도 배상할 생각도 전혀 없습니다'라고 피해회복 의사가 없다는 확정적인 태도를 보였다면, 마찬가지로 '피해회복' 관련 양형사유의 변화 가능성이 없으니, 그 상태를 전제로 변론을 종결하고 양형을 정하여 판결을 하면 될 것입니다.

하지만 그 피고인은 사고에 있어서 비록 피해자 과실이 더 컸다 해도 자신의 잘못도 있다는 것은 인정하고 있었고, 사고 직후부터 1심 법정에 이르기까지 피해자 유족에게 미안한 마음을 표현하고 싶어 했으며 어느 정도의 배상도 하고 싶어 했으나 그것이 좌절되면서 피해자 측을 도리어 원망하게 된 것이었지요.

따라서 피고인으로서도 방법만 있다면, 기회만 주어진다면, 피해자 측이 받아줄 사과를 하고 적정한 배상도 하고자 할 가능성이 매우 높았고, 그 당시는 아직 그럴 시간도 있었던 셈이었습니다.

이런 이유로 담당 판사였던 저는 양형증인이었던 피해자 아버지의 '용서가 안 돼서 처벌을 원합니다'라는 말의 뜻을 고심하며 들여다볼 수밖에 없었던 것입니다.

그리고서 숙고 끝에 내린 결론은, 피해자 측이 '자식 잃은 부모로서 진정한 사과와 용서를 바라는데 오히려 적반하장이니 합의나 용서를 못하겠습니다'라고 숱하게 써 낸 진정서의 내용들과 종합해서 볼 때 이 말의 뜻은 결국 '딸을 잃은 부모로서 피고인의 진심 어린 죄송하다는 말을 원한다. 피고인이 진정한 사과를 한다면 피고인에 대한 처벌까지는 원하지 않는다'가 아닐까 하는 것이었지요.

피해자 아버지에 대한 양형증인신문이 끝나자, 법정의 공기는 무겁게 눌려 있었습니다.

피해자 유족에게는 당연히 피해회복이 필요하고, 또한 무거운 양형을 피해야 하는 피고인에게도 역시 감형사유로 피해회복이 꼭 필요한 것인데, 사고 직후부터 1심 법정에 이르기까지 피해회복은커녕 오히려 피고인과 피해자 측의 마음이 엇갈리고 도리어 반대 방향으로 꼬여서 감정이 상할 대로 상한 채 갈등의 골만 깊게 패여 고착되어 있다는 것만 확인할 수 있었으니까요.

그렇게 쌍방이 교착상태임을 확인하면서 1심 재판이 마무리되려 하고 있었습니다. 재판은 더 진행할 것이 없었고, 마지막 절차인 피고인신문과 검사의 구형 및 피고인의 최후진술만 남았을 뿐이었습니다.

"피고인, 변론이 종결되더라도 판결 선고 전까지 피해회복에 관한 유리한 양형자료가 있다면 제출하도록 하세요" 따위의 국선변호인이나 피고인도 이미 알고 있을 형식적인 말을 군이 판사가 할 필요도 없었습니다.

"그럼, 피고인은 피해자 측에 좀 더 피해회복 노력을 하시고, 피해자 측은 피고인의 노력 여하에 따라 진정성을 좀 받아주셔서, 서로 잘 애기해보도록 하시죠" 같은 말을 할 수도 있겠지만, 그런 말을 판사가 해봤자 소용없을 것 같은 답답함 역시 법정에서 모두가 느끼고 있었지요.

'서로 잘 애기'해보려고, 사고 직후부터 경찰, 검찰을 거쳐 법정에 오기까지 이미 당사자들끼리 애를 안 써본 것이 아니고, 서로 극도의 고통 속에서도 벼랑 끝에 있는 심정으로 이미 최선의 노력을 했을 터인데도 그것이 잘 되지 않아 그 지경에 이른 것이 아니겠습니까. 그걸 모르고 또 다시 '잘 얘기해보세요'란 말을 한다면 판사가 이상하게 보일 것이 뻔하고 그 본인들은 힘만 빠질 것 같았습니다.

"여기 안내문을 드릴 테니 피고인은 잘 읽어보고 변호인과 상의해보시고, 피해자 아버지께도 피해자용 안내문을 드릴 테니 가족분들과 함께 읽어보고 같이 한번 생각해보시겠습니까."

해봤자 소용없을 것 같은 무의미한 말들을 뒤로 치우고 저는 〈회복적 사법 프로그램에 관한 안내문〉³을 그 두 분의 아버지께 내밀었습니다.

당시 법원에서 회복적 사법을 형사재판에 적용하는 시범적인 프로그램을 실시하고 있던 참이었기에 혹시 도움이 될까 하는 마음에서였습니다. 형사소송법상 제도화되어 있지 않은 채로 시범적으로 실시하는 것이기에 공판검사의 동의하에 피고인과 피해자가 자유로운 의사로 참여하는 경우, 중립적이고 전문적으로 훈련된 전문가^{facilitator}들이 피고인 측과 피해자 측을 조정^{mediation}하여 대화를 도와드리는 프로그램이었습니다.

절박한 상황에 처해 있던 피고인은 마지못해 안내문을 받아들었습니다만, '이런 게 무슨 소용이 있으려나' 생각하는 듯이 시큰둥해 보였습니다. 뭘 해도 피해자 아버지의 마음은 돌릴 수 없을 것이라고 포기해버렸고 그래서 피해자 아버지를 원망하고 비난해서 그를 더 화나게 해버렸으니, 뭔가 방법이 있을 거라고 다시 희망적인 생각을 갖는 것 자체가 고통스러울 수 있겠지요. 이해가 되었습니다.

피해자 아버지는 안내문이고 뭐고 눈에 제대로 들어오지도 않는 눈치였습니다. 고개를 저으며 피고인을 다시 만나고 싶지도 않다고 말했던 것으로 기억합니다. 다 필요 없고 그냥 처벌을 원한다고 고쳐 말했던 것 같기도 합니다. 그분은 그냥 고통 속에 있었고 그 상태에서 무엇인가를 한다는 것 자체가 힘들어 보였고 더구나 '가해자와 대화'라는 것은 그동안 상처를 더욱 후비고 더 아프게 했던 바로 그것이기 때문에, 말만 들어도 고통스러운 것, 무조건 피하고 싶은 것 같아 보였습니다. 너무나 이해가 되었습니다.

"네, 일단 안내문은 가져가시고, 아직 시간이 있으니 생각해보시고, 저희 프로그램 전문가분이 전화를 한번 드릴 텐데 그때 그분께 최종적으로 '안 하시겠다'는 의사를 말씀해주시면 좋겠습니다. 그래 주실 수 있을까요?"

그 아버지는 이 말에는 알았다고 끄덕이고 돌아가셨습니다.

이제 두 분은 어떻게 되었을까요. 죽을 것 같은 고통, 도저히 안 될 것 같은 절망 속에서 과연 다시 대화로 나아가는 용기를 내실 수 있었을까요.

네, 지난 장에서 이미 말씀드렸지만, 판사도 감동하고 존경이 우러났던 용기를 그 두 분은 보여주시게 됩니다. 한 달 후 판결선고기일에 못 알아볼 정도로 달라진 두 분을 마주할 수 있었습니다.

자, 계속 다음 장에 이어서 이야기 나누겠습니다.

18

깨진 마음을 이어주는
마술사들

"피고인 ○○○씨!" 선고를 하기 위해 호명을 하고 법정
을 둘러보는데 피고인 얼굴이 보이지 않았습니다.

'어? 안 나오셨나? 그럴 리가 없는데' 하며 다시 이름을
부르려는 순간, 낯선 젊은이가 피고인석으로 성큼 걸어 나와
앉으며 "네!"라고 대답을 했습니다.

지난 공판기일에 봤던 그 피고인과는 다른 사람이었습니
다. '어? 이분이 그분인가?' 분명 더 나이든 사람이었는데, 얼
굴이 확 피고 더 젊어 보이는 사람이 대답했던 거지요.

'웃고 있어서 그런가?' 게다가 환한 표정에 미소까지. 그
러니 누가 봐도 형 선고를 받으러 온 사람으로는 안 보일 정
도였죠. 신분을 확인하니 지난 공판기일에 나왔던 그 피고인
이 맞았습니다.

선고를 하기 전에 다시 법정을 둘러보며, "혹시 피해자 아버지 △△△씨 안 나오셨나요?"라고 물었습니다. 왜냐하면 지난 공판기일에 봤던 피해자 아버지의 얼굴이 보이질 않았으니까요.

"네!" 갑자기 법정 맨 뒤에서 어떤 남자분이 손을 번쩍 들었습니다. "나왔습니다!"라고 말하는 그 역시 제 기억과는 완전히 다른 얼굴을 한 사람이었습니다.

'어? 저분이 맞나?' 다시 물었습니다. "저, 이 사건 피해자는 □□□씨인데요. 그 아버지 나오셨는지 여쭌 겁니다!"

"네, 저 맞습니다!"

그 말을 듣고 찬찬히 얼굴 모습을 확인하는데, 갑자기 저도 모르게 울컥하고 눈 주위가 시큰거렸습니다.

자세히 얼굴 모습을 살펴보니, 지난 공판기일의 그 피해자 아버님이 분명 맞긴 한데, 그때 그렇게도 시커매 보였던 얼굴이 환히 밝아졌고, 잔뜩 인상을 써서 깊게 패여 보였던 주름이 다 없어지고 한 10년은 젊어 보이는 완전히 다른 얼굴을 하고 있었습니다. 구부정 움츠리고 있었던 어깨도 펴고 편안한 표정을 하고 있으니, 진짜 다른 사람 같았습니다.

'이랬던 분이 그렇게도 힘들어서, 죽을 만큼 힘들어서, 정말 죽을 것 같은 얼굴로 계셨던 거였구나!' 그럼에도 비극과 절망 속에서 용기를 내고 힘을 쥐어 짜내 대화의 자리에 나서 회복적 사법이라는 과정을 한발 한발 디뎌준 노고가 되찾아준 원래의 모습을 마주하는 순간, 저는 법대에 앉아 있는 판사와 피해자 아버지라는 관계를 잊고 주체할 수 없는 감동에 갑자기 울컥한 것이었지요. 판사고 뭐고 간에, 인간적으로, 그분이 보여준 용기와 노고에 숙연해지는 마음이 들었습니다.

'피고인 얼굴이 달라져 보였던 것도 그래서였겠구나!' 마찬가지로 찡한 마음이 들었습니다. 피고인과 피해자 아버지, 두 분이 존경스러웠고 고맙기까지 했습니다.

서둘러 마음을 추스르고 또박또박 선고를 하고는, 두 분께 평안히 가시라는 인사를 하고 나니, 저도 덩달아 마음이 평안해졌습니다.

지난 16장, 17장에 이어 우리는 지금 교통사고로 딸을 잃은 한 아버지와 피고인, 역시 두 딸의 아버지였던 한 피고인의 형사재판 이야기의 막바지에 와 있습니다.

지난 장들을 읽어보신 분들은, 제가 묘사한 저 선고 때의 상황이 믿기지 않을 겁니다. 제가 거짓말을 하거나 최소한 글을 쓰려고 과장을 하거나 극적으로 포장했다고 생각하실지도 모르겠습니다. 하지만 저는 소설을 쓰는 사람이 아닙니다. 정말 겪은 그대로 묘사한 것입니다.

사실 저도 피고인의 국선변호인이 선고기일 전에 합의서를 제출하면서, 피고인이 피해자 유족에게 진심으로 사과했고 피해자 유족은 이를 받아들여 용서를 했고 원만히 합의금액을 정하여 지금까지 완료하였기에 피해자 유족으로부터 처벌불원서를 받아 제출한다는 서면을 보고서, 긴가민가했습니다.

딸을 잃은 슬픔과 가해자에 대한 분노와 복수심으로 가해자를 처벌해달라고 계속 진정했던 피해자 아버지가 어떻게 '피고인을 용서'할 수 있게 됐단 말인가.

과실이 큰 피해자에 대한 원망과 형사피고인이 된 억울함에 사무쳐서 사과는커녕 오히려 피해자를 비난하던 피고인이 어떻게 '진심 어린 사과'를 할 수 있게 됐단 말인가.

저도 믿기 어려웠으니까요. 그러다 선고기일에 완전히 변한 얼굴로 나타난 두 사람을 직접 보고서야 '아 진짜였구나!' 하고 그 모든 과정이 이해된 것이었죠.

지난 공판기일에 단지 회복적 사법 시범실시 프로그램을 안내해주면서, "담당 전문가들에게서 전화가 오면 받아서 참가 여부에 관한 의사를 최종적으로 말해주세요"라고 말했을 뿐인데, 그 뒤에 대체 무슨 일이 일어난 걸까요. 특히 피해자 아버지는 분명 법정에서부터 벌써 안 하겠다고 고개를 흔들며 갔었는데요. 그 뒤에 어떻게 저렇게 변화가 일어나게 된 걸까요.

유감스럽게도, 여러분께 죄송하게도, 제가 재판을 했던 사건에 대해서는 경험한 범위와 당사자들의 권리가 침해되지 않는 선에서 사법제도 개선을 위해 필요한 목적하에 일정한 내용을 나눌 수 있습니다만, 당시 공판절차와는 분리해서 진행된 회복적 사법 프로세스에서 담당 전문가들이 피고인과 피고인의 아내, 피해자 아버지와 또 다른 딸 등 유족과 상담하고 그들 사이의 대화를 가능케 하여 형사적인 조정에까지 이르게 된 과정의 구체적인 내용은 제가 말씀드릴 수 있는 영역이 되지 못합니다. 제가 경험한 것이 아니기도 하고 법적으로도 그렇구요.

하지만 당시 절차를 관리했던 담당 재판장으로서 회복적 사법 프로세스에 들어간 당사자들이 어떤 과정 또는 절차를 거쳤는가는 여러분께 정리해서 말씀드릴 수 있고 또 필요한 것이라고 생각됩니다. 그래야 여러분께 아직은 생소한 '회복적 사법 프로세스'란 것이 무엇인지 이해의 저변이 넓어지지 않을까 해서요.

제가 경험한 것은, 마법이 일어나기 전과 마법이 일어난 후의 모습뿐입니다. 사실 정말 더 극적이고 더 감동적인 것은 그 마법이 일어나는 순간순간들이겠지만요. 그 구체적인 과정은 저 역시도 정말 알고 싶고 궁금합니다. 대체 그 전문가들은 이 당사자들에게 무엇을 어떻게 한 걸까요.

절차를 관리했던 제가 보고받아 알고 있는 한도 내에서, 우선 말씀드릴 수 있는 것은 '회복적 사법 전문가들이 어느 날을 정해서 양쪽 당사자들을 한자리에 불러 모아 어떤 특수한 대화 기술을 써서 쏼라쏼라 블라블라 얘기하니까 갑자기 양쪽 마음이 다 녹아 극적으로 사과와 용서를 하고 눈물을 흘리며 화해를 하는 것'은 아니라는 겁니다.

피고인 측은 피고인 측대로, 피해자 측은 피해자 측대로,

각각 따로 전문가들과 만나서 대화하는 시간을 가졌다고 합니다. 우선 피고인 측은 피고인과 국선변호인이 함께 전문가들을 만나서, 그 전문가들이 피고인이 억울해하는 사정을 충분히 공감해주었다고 합니다.

'충분히'라고 우리가 말할 때 보통은 '그냥 적당히'의 의미가 많지만 이 경우의 '충분히'는 문자 그대로의 '충분히'가 분명했을 것 같습니다. 그 증거가 바로 선고기일에 목격한 피고인의 달라진 얼굴일 테니까요.

피고인의 억울함이 모두 남김없이 풀릴 때까지 '충분히' 공감적으로 말을 들어주고 (아, 정말 말이 참 쉽네요. 하지만 이렇게 표현하는 도리밖에 없어 보입니다) 피고인이 자기의 억울함을 비워낸 공간이 생긴 후에 비로소, 상대인 피해자의 입장에서는 피고인의 사과의 말이 어떻게 들릴 수 있는지를 얘기해보면서, 함께 어떻게 하면 피해자가 받아들일 수 있는 사과를 할 수 있는지 고민도 하고 연습도 해보는 시간을 가졌다고 합니다.

1회의 세션으로는 부족해 2회째에 피고인과 그의 아내까지 함께 만나서 전문가들이 피고인 측에 필요한 도움을 주는 시간을 가졌다고 하더군요.

한편 피해자 아버지 쪽의 변화는 참 놀라웠는데, 분명 절대 안 하겠다고 하신 분인데, 전문가가 전화상으로 "절대 안 하겠다"라고 하는 말을 반복적으로 거의 한 시간을 하시는 걸 들어드렸다고 합니다. 그런데 며칠 후 피해자 아버지가 그 전문가께 전화를 걸었다고 하더군요. 그래서 또 한 시간 정도를

"절대 안 하겠다"라고 하시는 말씀을 들어드렸더니 전화를 끊을 때쯤 그 전문가분들만 한번 만나보겠다고 했답니다.

그래서 그 전문가분들이 그 피해자 아버지와 유족들을 어느 커피숍에서 만났는데, 그 만남 이후 마음이 변하여 피고인을 한번 만나는 주겠다고 하셨답니다.

이것은 실화입니다. 제가 보고받은 전부입니다. '들어주었더니 전화를 걸어왔고, 들어주었더니 만나자고 했고, 들어주었더니 피고인도 만나보겠다고 했다.' 대체 어떻게 들어준 것일까요. 신기했습니다.

그 이후 한자리에 피고인과 그 아내, 피해자 아버지와 유족이 그 전문가들과 함께 만나는 한 차례의 대화 세션을 열어, 거기서 피고인은 사과를 했고 피해자 아버지는 그 사과를 진정한 것으로 받아들였으며, 그 밖의 필요한 모든 대화가 이후 순탄하게 진행되어 앞서 여러분께 말씀드린 결말에까지 이른 것입니다.

대체 각각의 세션과 만남, 대화에서 무슨 얘기가 어떻게 오간 것일까요. 저야말로 진짜 궁금합니다. 그 전문가들은 무슨 마법이라도 부린 것일까요.

그 전문가들이 회복적 사법 이야기를 써주신다면 그 얘기를 들을 수 있을지 모르겠습니다만, 당사자들의 권리를 침해하지 않는 한도 내에서라면 역시 자세한 얘길 듣긴 어려울 겁니다.

쉬운 방법은 여러분들이 직접 갈등 당사자일 때 회복적 사법 전문가들의 도움을 받아보는 것입니다. 사실 제가 이 방법을 고려하고 있습니다. 저 역시 사람이고 당연히 크고 작은 갈등과 분쟁을 겪습니다. 그런 제 문제를 들고 가서 그 전문가들의 도움을 받으며, 대체 그분들이 무엇을 어떻게 하시는 건지 직접 느껴보고 싶은 생각이 굴뚝같습니다.

이 마법을 부린 분들은 한국비폭력대화센터[4] 캐서린 한, 이연미 선생님이었습니다. 당시 형사재판 회복적 사법 시범실시에 참여했던 기관은 그 외에도 (이하 가나다순) 비폭력평화물결(대표 박성용), 이화여대 로스쿨 회복적사법센터(대표 조균석)[5], 평화를만드는여성회 부설 갈등해결센터[6](대표 김선혜), 한국갈등관리조정연구소[7](대표 문용갑), 한국평화교육훈련원[8](대표 이재영)이 있었습니다.

유엔에서 발간한 《회복적 사법 프로그램에 관한 핸드북》에 '회복적 절차의 참여자들' 중 '5.1.9 퍼실리테이터[Facilitators]'란 부분이 있습니다.

위에 말씀드린 회복적 사법의 전문가들이 바로 '퍼실리테이터'에 해당하는데요. 우리말로 뭐라고 번역하면 좋을까요. 참고로, 조균석 교수님 외 여러분이 번역한 하워드 제어의 《회복적 정의 실현을 위한 사법의 이념과 실천》에서는 이를 '전문진행자'라고 번역해 소개하고 있습니다.[9]

앞의 《회복적 사법 프로그램에 관한 핸드북》에서는, 회복적 사법적인 개입이 성공하는 데 회복적 사법 전문진행자facilitator 또는 조정자mediator의 역할은 그 중요성을 아무리 강조해도 지나치지 않다고 쓰여 있습니다.

그리고 그들은 당사자들이 자유롭고 안전한 소통을 할 수 있는 환경을 만들어주는 능력, 적극적으로 경청하는 능력을 포함한 커뮤니케이션 능력을 갖추어야 하고, 감정적 긴장을 다루면서 도울 수 있는 능력, 어려운 것들을 말하고 들을 수 있도록 돕는 능력, 참여자들 사이의 이해관계나 힘의 균형을 잡아줄 수 있는 능력, 공감과 지지를 표현할 수 있는 능력을 갖추어야 한다고 합니다.

이런 능력을 갖춘 분들이 있고 회복적 사법 프로세스에서 이와 같은 일이 가능해진다면 정말 멋지지 않을까요!

19

그 남자의 손에서
칼을 내려놓게 하려면

그 남자는 고개를 푹 숙이고 피고인석에 앉아 있었습니다.

검사는 공소장을 들고서 그의 죄명 및 적용법조와 함께 세 개나 되는 긴 공소사실을 요령 있게 읽어치우듯이 낭독했습니다.

"피고인, 공소사실을 인정하나요."

"네, 인정합니다." 판사의 질문에 그 남자는 짧게 대답했습니다.

"변호인, 공소사실이 모두 세 개인데, 피고인은 각 공소사실에 대해서 모두 인정하고 있는 것인가요."

"네, 모두 인정하고 있는 것이 맞고 깊이 반성하고 있습니다." 변호인도 짧게 대답을 마쳤습니다.

언뜻 보기에도 그 남자는 죄스러워 하는 얼굴을 떨구고

있었습니다.

검사가 미리 서면으로 제출해놓은 '양형기준 적용 및 구형에 관한 의견'을 들여다보니, 일반양형인자 중 감경적 행위자요소인 '진지한 반성'에 체크를 해놓았더군요.

'아, 검사가 보기에도, 수사과정에서부터 진짜 반성하는 것으로 보였구나.'

하지만 검사가 작성한 양형의견서에는 집행유예보다는 실형 쪽으로 결론을 내고 있었고, 그 이유로는 흉기 기타 위험한 물건을 휴대하여 범행한 경우이므로 집행유예 부정사유가 있다는 점을 들고 있었습니다.

폭행 및 폭력행위등처벌에관한법률위반(집단·흉기등협박). 이 무시무시하고 긴 죄명이 당시 피고인이 기소된 범죄였습니다.

그 남자는 재혼한 처와 한 10년쯤 살다가 별거하게 되었는데, 별거한 지 한 달 반쯤 지난 어느 날 처가 일하는 식당으로 찾아갑니다. 거기서 처의 동료 종업원인 A씨의 뺨을 1대 때려 폭행하고, 주방으로 피하는 A씨를 따라가 옷 속에 미리 넣어온 칼을 꺼내 들고 "찔러 죽인다"고 협박하고, 처에게도 칼을 겨누며 "죽여버린다. 사시미로 떠버린다"고 협박했던 것이지요.

그래서 A씨에 대한 폭행죄와 A씨 및 처에 대한 흉기 휴대 협박으로써 2개의 폭력행위등처벌에관한법률위반(집단·흉기등협박)죄가 된 것입니다.

여러분, 너무 놀라셨죠. 네, 깊이 뉘우치고 있던 그 남자는, 정말 깊이 뉘우치고 또 뉘우쳐야 할 험한 범죄를 저질렀던 거지요. 그것도 처와 그 동료, 두 명의 여성에게요.

반성한다고 해도 절대로, 절대로 봐주면 안 되고 꼭 징역을 보내야 한다구요? 네, 그런 생각이 바로 드실 겁니다. 처벌도 처벌이지만 그런 위험한 행동을 또 하지 못하도록 격리해 두어야 할 것 같다는 생각도 자연스레 들게 됩니다.

과연 그 남자는 어떤 사람이고 왜 저런 흉한 범죄를 저지르게 된 것일까요. 왜 칼을 가슴에 품고 가서 10년을 함께 살았던 처를 향해 들었을까요.

그 남자는 50대였는데 그때까지 위 범죄와 동종 범죄전력이 없는 것은 물론, 이종 범죄전력도 없이 살아오긴 했습니다. 그의 처도 그에 대해 경찰에서 말하기를, 전에 폭력을 쓴 일은 없었다고 했습니다. 오히려 소심하고 내성적인 사람이라고요.

그 남자는 이혼 후 지금의 처를 만나 재혼해 10년을 살았습니다. 재혼한 처와는 자식을 두지 않았고, 재혼한 처가 전 남편과의 사이에서 낳은 자식이 있어 그 자식을 데리고 함께 살았습니다. 나중에는 처의 다른 가족과도 함께 살게 되어 식구가 늘었지요.

그렇게 지내던 가운데 사소한 일들이 쌓여 그 남자는 그 가족들 사이에서 소외감을 느끼게 된 것 같습니다. 따돌려진다고 오해를 했달까요. 그것을 술 마시고 처에게 폭언하는 것으로 풀었던 것 같습니다. 처의 표현으로는 "술을 자주 먹는 것도 아닌데 뭔가 꽁해서 술을 한번 입에 대면 연거푸 5일은 마셔대고 폭언을 하면서 쌓여 있던 것을 표출"했다고 하더군요.

그러던 어느 날 또 그 남자는 처에게 "다 한통속이다"라면서 화풀이를 하고, 처는 "나도 중간에서 힘들다, 숨 좀 쉬고 살자"라면서 싸우게 되었습니다. 그리고 처와 그 가족들에게 "내 집에서 다 나가라"라고 하여 결국 혼자 남게 되었지요.

그 남자의 표현으로는 "처가 가출"하고, 처의 표현으로는 "집에서 내쫓긴" 채로 그들은 약 한 달 반을 지내게 됩니다. 그가 몇 번 처에게 전화를 했지만 처는 받지 않았다고 합니다.

그 사건이 있던 날, 그 남자는 집에 쌓여 있던 처의 우편물을 들고 처가 일하던 식당으로 간 겁니다. 그리고 처를 불러서 했던 말은, "깨끗이 정리하자"였습니다. 그러니 처는 "아이고 고맙다, 그러자"라고 답을 했습니다. 그리고는 주방으로 들어가버렸지요.

그 남자는 가지 않고 홀에 혼자 앉아서 안주도 없이 소주를 시켜서 마셨습니다. 바로 그 A씨가 걱정하면서 가져다준 소주였습니다. 혼자서 술을 먹고 취기가 오르니 혼자서 궁시렁궁시렁하다가 드디어 A씨에게 욕을 하게 되었고, A씨가 그러지 말라고 하자, A씨의 뺨을 때리기에 이르렀습니다. A씨는 얼마나 놀라고 당황했을까요.

저는 어떻게 이런 내용들을 아느냐구요?

이 내용들은 모두 피고인의 진술, 피해자들의 진술, 즉 수사기관에서 한 진술들과 공판에서 한 진술들, 그리고 관련자들의 진술이나 그 밖에 조사된 증거와 자료들을 통해 재판에서 알게 되는 것들이에요.

이 내용들 중에 범죄사실, 즉 범죄 구성요건에 해당하는 요건사실들이 있습니다만, 그 외에도 범죄의 경위, 동기라든가, 죄질이라든가, 피해의 정도라든가, 그리고 당사자의 나이나 건강 상태나 가족, 직업, 경제적 상황 등등 양형을 정하는 데 참작할 매우 다양하고 광범위한 사항들이 포함됩니다.

이 모든 것들은 수사 단계부터 면밀하고 신중하게 조사되는 것이고 기소 후에 공판과정에서도 선고 직전까지 재판의 자료로 제출될 수 있는 것입니다. 피고인 자신이 스스로 유리하다고 생각되는 내용으로서, '제가 분명히 잘못을 했고 무척 반성합니다, 다만 이만저만해서 그런 행위를 하게 된 것이니 불쌍히 보시고 참작해주세요'와 같이 적어서 내기도 합니다. 반대로 피해자도 마찬가지로 '피고인이 변명을 늘어놓지만, 원래 이러이러한 사람이고 전에도 그런 일이 있었다'든가 또는 '이러이런 점을 보아 또 잘못을 저지를 사람이니 엄벌에 처해달라'는 등을 적어서 내기도 하구요.

아무튼 갑자기 뺨을 맞은 A씨는 주방으로 그 남자를 피해 도망갔습니다. 그 남자가 거기서 멈췄으면 좋았을 텐데, 주방으로 따라가면서 일이 커집니다. 그 남자는 웃옷 안주머니에 넣어가지고 왔던 칼을 꺼내 듭니다. A씨에게 칼을 겨누고 찌를 듯이 하면서 "죽여버리겠다"라고 말했습니다. 그 칼은 처와 함께 살 때부터 집에 있었던 회칼 세트 중의 하나로, 그 남자는 처를 찾아가려고 집을 나설 때부터 그걸 꺼내서 옷 속에 품고 나왔던 거죠. 그 모습을 본 처는 얼른 A씨에게 저리 가고 하고서는 그 남자의 양손을 잡고 막았습니다.

어떻게 칼을 든 남편을 처가 붙잡고 막을 수가 있었냐고요? 처의 말에 의하면, 남편이 어떤 수술로 장애가 생겨서 몸이 불편한 상태인데 술도 취해서 스스로 몸을 잘 가누지 못하니 남편을 붙잡았다는 것입니다.

그 남자가 욕을 하면서 "놔라" 할 때, 처가 "그럼 손을 놓을 테니 칼을 놔라"라고 하자 그는 순순히 칼을 도로 안주머니에 넣었다는 것이었어요.

거기서 상황이 종료되었으면 좋았을 텐데, 그 남자는 가게를 걸어나가려다 말고 다시 처를 돌아보고는 욕을 하면서 재차 칼을 꺼내 들고 "죽여버린다. 사시미로 떠버린다"라고 말함으로써 또 1개의 중한 범죄행위를 추가하게 된 것이지요.

그리고는 A씨 신고로 출동한 경찰에 의해 현행범체포가 되었습니다.

여러분, 폭력행위등처벌에관한법률위반(집단·흉기등협박) 죄의 법정형이 얼마나 되는지 아시나요? 벌금형이 아예 없이 1년 이상의 유기징역에만 처하도록 정해져 있는 범죄였습니다. 제가 왜 과거형으로 말씀을 드리냐면 2015년도에 헌법재판소에서 이 조항이 위헌결정되면서 이 조항을 삭제하는 개정 (2016. 1. 6.)이 되었기 때문입니다. 네, 이 사건은 그 이전에 제가 형사재판을 했을 때 있었던 일입니다.

어쨌든 피고인은 당시 1년 이상의 유기징역, 즉 1년 이상 30년 이하의 유기징역형에 처하게 되어 있는 폭력행위등처벌에관한법률위반(집단·흉기등협박)죄를 2개나 지어, 가중하면 1년 이상 50년 이하의 유기징역형을 받을 수 있는 데다, 추가로 1개의 폭행죄까지 얹어져 있던 것입니다.

여러분, 이 남자는 어떻게 되어야 한다고 생각하시나요. 어떤 형이 적당하다고 보이시나요.

범죄전력은 없었지만 무거운 범죄를 저질렀고, 반성을 한다고는 하나 집에서부터 칼을 품고 갔던 행위이니 죄질이 경하다고 볼 수가 없지요. 피해자도 두 명이고요. 다친(상해 입은) 사람은 없지만, 칼을 들고 협박한 것은 매우 중한 행위인 데다 분명 피해자들은 몸이 아닌 마음에 상당한 상처가 각인되었을 것이니 피해가 중하지 않다고 할 수가 없지요.

안타까운 것은 사실 이런 범죄가 매우 흔하고, 형사재판을 하다 보면 너무 자주 접하게 된다는 것입니다.

여러분도 아시겠지만 지금도 연일 신문이나 TV에서 접하는 흔한 사건입니다. 여자와 남자가 헤어지는 과정에서 어느 날 남자가 술을 먹고 여자에게 칼을 드는 일. 이게 너무나 흔하다는 것은 참 마음 아픈 일인 동시에 무척 화가 나는 일이기도 하지요.

나이가 어리나 많으나, 결혼을 했나 안 했나, 또는 초혼인가 재혼인가 그런 것들과 상관없이 자주 벌어집니다. 여성들은 사귀던 남자, 동거하던 애인, 사실혼 남편, 결혼한 남편, 재혼 남편 등등으로부터 헤어지는 과정에서 크든 작든 폭력적인 대우를 당하고 그것이 형사사건화되어 언론에도 보도되는 일이 잦습니다.

그 남자는, 아니 그 피고인은 법정에서 제가 물었을 때, 그리고 변호인이 대변해 말하기는, 사실은 이혼을 원하지 않고 있었습니다. 그리고 식당에 찾아갔을 때도 이혼을 원하지 않는 상태였습니다.

그런데 왜 '내 집에서 나가라'고 하고, 그 말대로 나간 처에게 칼을 품고 찾아가서는 '끝내자'고 하고, 그 말대로 '그러자'고 하는 처에게 칼을 꺼내 들게 된 것일까요.

그 남자에게 범죄전력이 없었다고는 하지만 초범이라는 것은 어느 정도의 참작사유가 되어야 하는 것일까요. 누구든지, 무슨 일이든지 '처음'이란 것이 있지 않나요. '처음' 해본 그 행위를 이제 다시 반복하지 않으리란 보장이 과연 있을까요. 그 남자에게 적정한 형을 선고하는 것으로 족한 것일까요.

우리는 그 남자, 그리고 그의 처인 그 여성에 대해, 저 비극적인 사건, 아니 그 남자의 흉한 범죄에 대해 어떻게 대응하고 처리하는 것이 좋을까요. 그 남자와 그 여자, 나아가 그들이 속해 있는 우리 사회 모두에게 좋은 방향은 무엇일까요. 언제 또 그들의 주변에서 A씨와 같은 희생자가 나올 수 있을지 모르잖아요.

자, 이제 다시 그 남자의 스토리를 쫓아 다음 장으로 가보시죠.

20

범죄가 파괴한 것의 실체와
피해회복의 의미

"피해자들과 합의를 하기 위해서 공판기일을 속행해주시기 바랍니다."

"합의 가능성은 있습니까?"

"합의를 못하면 공탁이라도 해보겠습니다."

"피해자들과 연락은 해보았나요?"

"사실 피고인이, 이 사건도 있고 해서 처를 찾아가기가 조심스러워서 아직 연락해보지는 못했습니다만, 변호인이라도 연락을 해보든지, 피고인과 적절한 방법을 의논 중에 있습니다. 그리고 나머지 피해자 1명은 현재 소재파악이 안 되고 있는데 찾아보고 있습니다. 재판장님! 피해회복이 안 되면 피고인에게 실형 가능성이 있으니, 꼭 좀 시간을 주시기를 바랍니다."

성실한 그 남자의 국선변호인이 간곡히 청하며 피고인을 위한 변론의 말을 마치자, 법정의 모든 눈이 재판장에게 쏠렸습니다. 제발 저 국선변호인을 봐서라도 그냥 좀 다음 공판기일을 잡아주었으면 하고 기대라도 하는 듯이 말이죠. 결국 피해회복 여부를 보고 양형심리를 하기 위한 다음 공판기일을 가지기로 하였습니다.

피고인은 기소된 범죄사실을 모두 인정하고 잘못을 깊이 뉘우치고 있었고, 이전의 범죄전력도 없었던 터였기에, 피해자들에 대한 피해회복만 잘 이루어진다면 실형이 아니라 집행유예를 받을 가능성이 없지 않았으니, 어떻게든 실형만큼은 면하게 하고픈 국선변호인은 '합의를 위한' 시간을 재판장에게 청하고 있는 것입니다.

그러나 '합의'라니, '안 되면 공탁'이라니, 그게 과연 이 사건에서 가능한 방법인지, 또는 적절한 방법인지 의문스럽지 않으신가요.

여러분도 마침 그런 생각을 하고 계셨다니 다행입니다.

통상 '합의' 또는 '형사합의'라는 명목하에 가해자는 피해자에게 합의금, 즉 돈을 주거나 또는 주기로 하고, 피해자는 가해자에 대한 형사고소를 취하하거나 형사처벌을 원하지 않는다는 뜻을 사법기관에 표시해주기로 하는 약속을 하곤 합니다.

이러한 합의금은 피해자가 가해행위로 입은 손해에 대한

일종의 손해배상금 또는 위자료의 성격을 가진다고 법적으로 해석되곤 하고요. 드문 경우지만 합의금 없이 형사합의를 하기도 하고, 형사합의의 내용 중에 돈뿐 아니라 사과라든지 다른 조건이 포함되는 경우도 있습니다.

어쨌든 피해자와 가해자 사이에 형사합의가 이루어져 피해자가 가해자에 대한 형사처벌을 원하지 않는다면, 일단 피해자가 가해자로부터 받은 피해가 회복된 것으로 볼 수는 있겠지요. 또는 적어도 피해자가 더 이상 피해를 문제 삼지 않겠다는 것이니 더 이상 피해가 남아 있지 않은 것으로 볼 수 있거나요. 여기서 '볼 수 있겠다'는 표현은, 그렇게 칠 수 있겠다, '간주'할 수 있겠다 정도의 의미로 썼습니다.

피해가 소거된 것으로 볼 수 있겠다는 의미는 결국, 불법의 결과인 피해가 소거됨으로써 적어도 결과불법이 해소되었다는 것이고, 이를 그 불법적 행위를 한 피고인에 대한 양형에 있어서 감경적 사유로 참작해줄 수 있다는 것을 뜻하겠지요.

그런데 말입니다. 이 사건에서 '합의'니 '결과불법의 해소'니 하는 것들은 말이 쉽지, 그게 정말 가능한 것일까요.

이 사건에서 그 처에게 합의금을 주고 형사처벌을 원하지 않는다는 의사표시를 받는 것을 그 처의 피해회복으로 봐도 되는 것일까요. 그러한 합의가 안 되었을 때 돈을 공탁해버리면 더더욱 피해회복과의 연관을 찾기가 멀어져버리는 것은 아닐까요.[10]

그 남자는 처와 싸우다가 '내 집에서 나가라'고 하였고, 처가 진짜로 집을 나가 별거한 지 1달이 넘자 처를 찾아가 '정리하자'고 말하고는, 막상 '그러자'고 하는 처에게 칼을 들이대고 '죽이겠다'고 협박을 한 겁니다.

그 남자와 그녀는 10년 동안 부부로 지냈는데, 불화를 겪으면서 관계가 나빠졌어요. 그런데 그 남자는 나빠진 부부 관계를 되돌리지는 못하고 오히려 더 악화시키는 행위를 해버린 것입니다.

그가 그녀에게 칼을 들이대고 협박을 하는 '범죄행위'를 하였는데, 이는 단지 국가가 '흉기 휴대 협박에 의한 폭력행위 등처벌에관한법률위반죄'로 명명한 행위를 저질렀다는 것만을 의미하는 것이 아니라, 악화된 부부간의 관계를 완전히 깨버리고 남편에 대한 처의 마음을 완전히 뜯어내 찢어버린 것입니다. 단지 국가에 대한 법위반, 범법행위가 아니라, 10년간 부부의 연을 맺어온 처와의 '관계를 파괴'하고 사랑해야 할 처를 오히려 다치게 해서 깊은 '상처'를 준 것이란 말이죠.

이러한 피해를 '회복'한다고 말할 때 그것은 무엇을 의미하는 것일까요. 이러한 피해에 대한 '회복'은 무엇이어야 할까요. 어떠한 것들이 이루어져야 과연 그와 그녀 사이의 파괴된 관계가 회복되고 손상된 그녀의 마음이 회복되는 것일까요. 어떻게 하면 그러한 손상이, 망그러진 것들이 '회복'되어 그 결과불법이 제거되었다고 말할 수 있을까요.

그 남자가 그녀에게 '합의금', 즉 돈을 주면 그녀는, '아네, 이 돈이 손해배상이 되니, 또는 위자료가 되니, 더 이상 당신에 대한 지난번 형사사건은 문제 삼지 않을게요. 저는 이제 괜찮아요'라고 할 수 있게 되는 걸까요?

그런 합의를 할 수 없을 때, 그 남자가 일방적으로 일정한 금액을 정해 공탁을 해버리면 그녀는, '이제 이 돈을 찾아서 쓰면 내가 입었던 피해는 사라지겠지. 나는 이제 괜찮아질 거야'라고 할 수 있게 되는 걸까요?

남편 주머니에서 나온 돈을 아내에게 주는 것, 이게 무슨 의미가 있을까요. 어차피 부부는 서로 부양의무가 있는 것이고 경제적 공동체이고 생활 공동체라서, 계속 부부로 있는 한 그녀가 그 남자로부터 돈을 받아도 결국 같은 주머니 안에서 돈을 옮기는 것일 뿐이니까요.

그보다 문제는, 이제 그 남자의 행위로 인해 깨어진 그 둘 간의 관계 아닐까요. 과연 계속 부부로 살 수 있을 것인지, 아니면 부부의 연을 정리하기라도 해야 하는 것인지.

그 남자는 자기가 찾아가 '정리하자'고 말해놓고서는 막상 처로부터 '그러자'는 말을 듣고 칼을 휘둘렀는데, 그 남자에게 과연 부부 관계를 다시 회복해낼 능력이나 가능성은 있는 걸까요. 관계를 회복시키기는커녕 오히려 지난번과 같은 폭력적 행위나 상황을 반복하지 않으리라는 보장이나 있는 것인지도 의문스럽고요.

합의금이나 돈이 아니라, 싹싹 빌며 사과를 하고 용서를 구한다면 어떨까요. 그러면 마음이 좀 풀리고 피해회복이 될까요.

그런데 과연 사과나 용서를 구하는 것은 가능할까요. 피고인 입장에서 차라리 돈을 주는 것이 쉽지, 사과하는 것은 너무나 어렵지 않을까요. 물론 칼 들고 협박한 행위는 반성하고 사과한다고 해도, 그러한 행위에 이르게 된 양자 간의 악화되어온 관계와 그동안의 불화, 그 원인은 고스란히 남아 있는데, 그러한 상태에서 과연 쉽게 사과가 가능할까요. 아니, 과연 대화 자체가 가능할까요.

피해자인 처는 과연 무엇을 원하고 있을까요. 그녀에게 어떤 조처들을 해주어야 남편의 지난 폭력적 행위로 인한 상처가 치유되어 소거되고 깨진 관계가 주는 현재의 고통을 해결할 수 있을까요.

그녀는 손해배상금을 원하는 것이 아니라 혹시, 이혼 위자료를 원하지는 않을까요. 그런 그녀를 찾아가 용서와 재결합을 구했는데, 만약 그녀가 또다시 받아들여주지 않는다면, 그 남자가 더 화가 나서 혹은 더 절망해서, 더 극단적인 어떤 행위로 나아가지 않으리라고 장담할 수 있을까요.

아니, 그녀는 지난번 일로 너무나 놀라고 무서워서 아예 남편을 만나지조차 못하겠다고 하면, 그저 안 보고 지내고만 싶다고 한다면 어떨까요. 적어도 그 상태로만 간다면 과거의 상처는 시간이 감에 따라 점점 나아지겠고 피해의 회복도 저절로 이루어지겠지요. 오히려 남편만 대면하지 않는다면 말이죠.

그러면 관계를 분리하거나 단절하는 것도 어떤 의미에서는 관계의 회복이나 피해회복의 한 형태라고 할 수 있는 것 아닐까요. 잘 헤어지는 것도 관계회복이라고 하면 형용모순인 걸까요.

"하지만 섣불리 피해자를 직접 접촉하려는 시도는 하지 마시고요. 왜냐면 지금 피해자가 어떤 상태인지, 어떤 마음인지 잘 모르니까요. 괜히 어설프게 접촉하려다가 피해회복은 못하고 오히려 문제가 생기면 안 되니까, 일단은 공식적으로 법원에서 연락해보는 것이 좋겠습니다."

국선변호인의 청에 따라 공판기일은 속행하겠지만, 법원에서 정식으로 피해자인 처를 양형증인으로 소환해서 그녀의 상태와 의사를 알아보기로 하였습니다. 물론 그녀의 의사를 존중해서 그녀가 양형증인으로 법정에 나올 의사가 있다고 할 때만 소환하기로 하는 조건하에서요.

며칠 후 재판부의 참여관이 그녀에게 전화로 소환통지를 했습니다. 남편에 대한 형사재판이 열리고 있는데, 법원에서는 재판에서 피해자가 사건에 관해 말하고 싶은 것이 있으면 말할 기회를 드리고, 재판의 최종 결론인 양형에 관해서 피해자의 의견도 중요하게 고려하여 참작하고자 하니, 혹시 법정에 나와서 말씀해주실 수 있겠느냐는 참여관의 온화하고 정중한 안내 전화에, 그녀는 알았다고 답했습니다.

자, 그녀는 과연 법정에 나와주었을까요. 남편인 피고인

에 대해서 어떤 마음을 가지고 있었을까요. 다음 장에서 계속
이야기 나누어보시겠습니다.

21

남편과 아내에게
형사법정의 의미란

"피고인, 방금 양형증인인 피해자에 대한 증인신문을 마쳤습니다. 증인신문 결과를 고지해드리자면, 요지는 피해자가 피고인으로부터 피해회복을 받은 것이 없고, 현재 피고인에 대한 처벌을 원하고 있다는 것입니다."

그 남자는 피고인석에서 복잡한 표정으로 한숨을 푹 쉬었습니다.

전화도 문자도 받지 않았고, 찾아가보려 해도 변호인한테서 혹시 불리한 상황이 생길지 모르니 자제하라고 주의를 받은 터라, 할 수 있는 일이 없었습니다.

그러다 공판 날 법정 방청석 맨 뒤에 앉은 아내를 보니 너무도 반가웠습니다. 판사는 법원 참여관이 연락하니 피해자가 증인으로 나와주겠다고 했다며 아내의 출석 경위를 설명해주었고, 아내를 보고 나와줘서 고맙다고도 말했습니다. 그 남자는 아, 이제 뭔가 여지가 생긴 것인가 싶어 희망이 생겼습니다.

그런데 증인신문 동안 법정 밖에서 맘 졸이며 대기하고 있다가 들어왔더니, 판사가 뭐라 뭐라 길게 말을 하는데 마지막에 '처벌을 원한다고 한다'는 겁니다.

저게 대체 뭔 소린가? 내가 들은 것이 맞나? 믿기지도 않고. 그 남자는 다시 가슴이 무너져 내리는 것만 같았습니다.

재혼해서 10년을 함께 산 사이인 데다, 범죄 자체가 식칼을 들고 '죽인다'고 위협을 한 폭력행위등처벌에관한법률위반(집단·흉기등협박) 사건이기 때문에, 피해자인 아내가 증언하러 법정에 나오기로 마음먹는 것 자체가 쉽지 않았을 것입니다.

그런데 그렇게 정은 들대로 들었지만 막상 얼굴을 마주하면 무섭고 떨리기만 하는 남편이 고작 몇 걸음 앞 피고인석에서 빤히 보고 있는 상태에서 그 아내가 제대로 입이나 뗄 수 있을까요.

저는 아내인 피해자를 양형증인으로 신문하기에 앞서, 피고인을 형사소송법 제297조 제1항에 따라 퇴정시켰습니다.[11] 즉, 증인이 피고인의 면전에서 충분한 진술을 할 수 없다고 인정된다고 고지하고, 피고인에게 법정 밖에서 증인신문이 끝날 때까지 대기하라고 했습니다. 피고인의 이익을 위해서 필요한 신문은 변호인이 충분히 할 수 있으니 염려 말라고 하고서요.

그리고 그 아내에게는, 진술하기에 법정만큼 안전한 곳은 없으니 솔직하게 자신의 진짜 의사를 잘 말씀하셔도 괜찮다고 안심시켰지요.

"피고인은 이 사건 잘못을 모두 인정하고 깊이 뉘우치고 있고요. 저희가 보기에도 진심으로 반성하고 있는 것 같습니다. 앞으로 절대로 다시는 그러지 않겠다고 하시고요."

"부모 앞에서도 다시는 안 그런다고 빌어놓고도 며칠을 안 갑니다."

"그러면 피고인이 이 사건 전에 집에서도 피해자에게 폭력을 행사한 적이 있었나요."

"네."

말문이 막혀 더 이상 저는 뭐라고 질문할 말이 없어졌습니다.

"현재 피고의 처벌을 원하시는 건가요."

"네."

이젠 진짜 더 이상 할 말이 없었습니다. 혹시 변호인에게 피고인의 이익을 위해서 증인에게 물어볼 말이 있으면 신문을 하라고 했습니다.

피고인의 양형상 이익을 위해 공판기일 속행을 간곡히 청했던 성실한 국선변호인, 누구보다도 피해회복을 위해 피해자와의 대면을 간절히 원했을 그였지만, 글쎄요. 저만큼이나 당황했을까요. 사실 그 이후 변호인이 무어라 묻고 증인이 무어라 대답했는지 기억이 나질 않습니다.

변호인이 극도로 조심스러웠던 것만 기억이 나고, 뭐라

물었었는지, 뭘 물으려 했던 건지 잘 기억이 안 납니다. 실제로 뭘 물었다 해도 별 대수로운 것이 아니었을 수 있습니다. 변호인으로서도 잘못 물으면 오히려 피고인에게 불리한 증언만 줄줄이 나올지 모를 상황이니 조심스러운 것이 당연했고, 아예 안 묻는 게 나을지도 모를 정도였으니까요.

그렇게 허무하게 금방 끝나버린 피해자 아내에 대한 증인신문 후, 퇴정했던 피고인을 다시 법정에 불러 증인신문 내용의 요지를 알려주었습니다.

그 뒤로 공판절차는 일사천리로 진행되어 변론종결 단계에 이르렀고, 검사는 징역 1년 6개월을 구형했으며, 피고인과 변호인의 최후진술을 마치고 변론은 끝이 났습니다.

이 남편과 아내 이야기는 이렇게 끝이냐구요? 여러분도 허무한 느낌이 드신다구요? 네, 보통의 숱한 사건들이 이런 식으로 그냥 끝이 납니다. 이렇게 변론종결을 하고, 별 다른 일 없이 선고기일이 닥치고, 합의 시도를 하다가 도저히 안 되는데 돈이 좀 있는 분들이라면 공탁이라도 하고 그게 끝입니다.

재판이라는 게 그렇지요. 거기에 무슨 드라마틱한 기적 같은 일이 있겠습니까. 영화나 드라마에서나 나오니 드라마틱이라고 하겠지요. 현실의 재판 자체가 무미건조한 현실의 일부일 뿐입니다.

그저 과거의 사실관계를 증거에 의해서 조사하고 그에 기초해 법을 적용하고 판단을 할 뿐이지요. 과거의 그 행위와 그 피해결과로 인해 현재 어떤 어려움이 있든, 미래에 어떤 식으로 해결해나가고 싶든 그런 것은 아무런 상관이 없고, 단지 과거 사실관계에 대한 확정과 그에 대한 법 적용에 따른 판결, 그뿐입니다.

그럼, 그 남자는 어떻게 되느냐구요? 징역 1년 6개월 구형을 검사로부터 받았는데 징역을 살아야 하냐구요? 아니, 그것이 오히려 당연하다고요? 잘못을 했으니 벌을 받는 것은 당연한 것이라고요?

그럼, 그 대목에서 제가 질문을 하나 드려보고 싶습니다. 그 여자는 어떻게 되는 것일까요?

좋습니다. 그 남자가 잘못을 저질렀고 검사가 1년 6개월을 구형하여 법원에서도 엄정한 형 선고로 이어져 그 남자가 1년 6개월 동안의 징역을 살고 나왔다고 합시다. 그러면 그 후에는 어떻게 될까요? 그 여자를 다시 찾아가겠지요? 연락하겠지요? 왜냐면 그의 아내니까요.

여러분, 이 사건은, 불화로 별거 중에 아내를 찾아간 남편이 '이혼하자'고 던진 말에 아내가 '그래, 하자!'고 했다가 칼부림이 난 사건입니다. 그런데 그 일로 징역을 1년 6개월이나 살고 나온 남편이 다시 아내에게 연락하고 찾아가는 과정에서는 과연 어떤 일이 벌어질 수 있을까요.

제가 극악무도한 범죄자 남편에 온정적 입장을 취하는 것처럼 보이신다구요? 아닙니다. 저는 오히려 그 아내 입장에서 그 이후 삶의 추이를 가늠해보며 질문을 드려보고 있습니다.

아내 입장에서 한번 생각해보시죠. 남편이 저지른 이 사건 범죄의 상처 자체도 아물지 않았습니다. 그 흉측한 일이 있은 후 남편 얼굴을 처음 본 것은 법정에서 증인으로 설 때였습니다. 그 전까지는 과연 어떤 마음으로 살았을까요. 법정에서도 남편 얼굴만 보았을 뿐 남편과 말을 허심탄회하게 주고받은 것도 아니었습니다. 물론 남편한테서 사과를 받은 것도 아니었구요. 그 일로 무서운 것, 화나는 것, 상처 입은 것, 모두가 그냥 그대로였을 겁니다.

남편이 징역형의 선고를 받고 나서 교도소에 있게 되면 무엇이 달라질까요. 아내가 '옳다구나, 이제 마음 편히 지낼 수 있겠다' 하게 될까요. 오히려 아내 입장에서는 더 불안할 수 있지 않을까요. 혹시 남편이 출소 후에 찾아와서 해코지라도 하면 어쩌나 하고요.

그리고 무엇보다도 계속해서 남편과 아내로서 법적으로 묶여 있는 사이 아닙니까. 그러니 출소 후에 찾아오는 것은 당연하겠지요.

아, 남편이 교도소에 있을 때 재판상 이혼청구를 해서 이혼절차를 밟으면 된다구요? 네, 법을 아시는 분들은 그렇게 아내를 구제할 방법을 찾아내실 수도 있습니다. 재판상 이혼청구를 하면 형사판결이 있으니 인용될 가능성이 크겠지요.

그런데 설령 재판상 이혼청구를 해서 법적으로 이혼을 한들, 출소한 전남편이 찾아오는 걸 물리적으로 막을 수 있을까요. 그녀가 설령 남편이 교도소에 있을 때 이혼판결을 받는다 해도, 그녀의 불안한 마음이 해소될 수 있을까요. 종이쪼가리에 불과한 이혼판결문이 전남편으로부터 그녀를 안전하게 지켜줄 무슨 실질적 무기가 되기라도 한답니까.

혹시 어디에서 지켜 서서 기다리고 있다 나타날까, 집에 있는데 아무 때고 찾아올까, 혹시 또 술이라도 먹고 직장에라도 와서 행패를 부리지나 않을까, 나는 그렇다 치더라도 딸이나 다른 가족을 찾아가서 괴롭히면 어쩌나. 이런 걱정과 불안이 들지 않을까요.

이 사건처럼 남편이 아내에게 범죄를 저질렀고 아내가 이혼의사가 있더라도, 우리나라에서는 남편의 범죄는 형사재판으로, 아내에 대한 피해배상은 민사재판으로, 이혼과 위자료(이혼 위자료를 말하므로, 이 사건 자체로 인한 불법행위로 인한 손해배상으로서의 민사상 위자료와는 구분됩니다) 및 재산분할은 가사재판으로 각각 다른 법정에서 취급됩니다.

한꺼번에 하면 참 좋을 텐데 싶으시죠. 놀랍게도 가정폭력과 결부된 형사 및 가사재판 등을 한꺼번에 처리하는 사법 시스템을 가진 나라도 있긴 합니다. 예컨대 미국 뉴욕주에는 통합가정폭력법원Integrated Domestic Violence Court, IDVC이라는 것이 있는데, 2018년 1월 1일 현재 뉴욕주 전체에 39개의 IDVC가 있다고 합니다.[12]

이는 "하나의 가정은 한 명의 판사에게One Family-One Judge"

라는 이념하에 만들어진 것으로, 가정폭력이 일어났을 때 그에 관련된 형사 문제와 이혼 등 가사 문제를 한 명의 판사가 통합적으로 처리하는 것으로서, 대표적인 문제해결법원Problem Solving Court 으로 꼽히는 것이지요.[13]

여기서 '한 명의 판사'라는 뜻은 판사 1명이 그 일을 다 처리한다는 의미가 아니라, 민, 형, 가사가 분리되지 않는다는 뜻입니다. 민, 형, 가사가 분리된다는 뜻은, 예컨대 형사판결로는 중한 징역형을 받은 남편인데 가사법정에서는 아이의 양육권을 가지게 된다거나, 민사 위자료와 가사 위자료가 모순 또는 중첩된다거나 할 위험성이 있다는 뜻이기도 합니다. 그래서 이를 '한 명의 판사'가 한다는 뜻은 '모순된 재판결과가 나올 가능성이 없다', '그 가정에 필요한, 모순되지 않은 한 방향의 재판결과가 나온다'는 의미입니다.

물론 그에 수반하여, 당사자들이 법원 출석을 두 번, 세 번 할 것을 한 번만 해도 될 것이고, 소송과 절차 비용이 적게 들 것이며, 모든 절차가 종결되기까지의 시간도 더 적게 걸리는 이익도 있지요.

솔깃하게 들리신다구요? 우리도 도입했으면 좋겠다구요? 네, 우리도 '하나의 가정은 한 명의 판사에게'라는 시스템을 도입하면 좋을 것 같기는 합니다.

불행히도, 이 사건 형사재판에서는 그런 기회가 올 수 없는 제도적 한계하에서 그 남편과 그 아내에게 많은 해결할 삶의 문젯거리들을 남긴 채 변론이 종결되고 말았습니다.

그런데 한편 다행히도, 그 당시에 저희 법원에서는 회복적 사법 시범실시사업을 하고 있어서, 그 남편과 그 아내에게 원하신다면 회복적 사법 전문가의 도움을 받으시겠냐는 안내를 해드릴 수 있었습니다.

재판의 변론이 종결된 후에, 회복적 사법 전문가들의 도움의 손길로 인계된 그 남편과 아내에게는 무슨 일이 일어났을까요. 네, 다음 장에서 계속 이어서 함께 이야기 나누어보시겠습니다.

회복적 사법이 문제해결법원의
기능을 할 수 있을까

지금은 사단법인 갈등해결과대화로 바뀌었지만 2013년 당시에는 평화를만드는여성회 부설 갈등해결센터였습니다. 인천지방법원 부천지원에서 형사재판의 회복적 사법 시범실시를 하기 위해 업무협약을 체결했던 6개의 회복적 사법 전문기관 중 하나였지요.

10여 년간의 재혼관계를 흉악범죄의 징역형으로 마감하게 될지 모를 절박한 상황의 이 남편과 그 아내의 피해자-가해자 조정 모델에 입각한 대화 모임을 맡아준 곳 말입니다.[14] 당시 평화를만드는여성회 대표였던 여혜숙 선생님과 그 부설 갈등해결센터 센터장이었던 김선혜 선생님이 그 남편과 아내가 대화를 하는 데 가교 역할을 해주셨습니다.

남편이 아내에게 식칼을 들고 '죽인다'고 위협하여 폭력행위등처벌에관한법률위반(집단·흉기등협박)으로 형사재판을 받게 된 사건의 재판장이었던 저는 별다를 것 없이 진행된 변론을 종결하며, '처벌을 원한다'는 피해자인 아내와 그 남편인 피고인에게 당시 시범실시 중이었던 회복적 사법 프로그램에 관한 안내를 해주었을 뿐, 사실 큰 기대는 하지 못했습니다.

아니, 실은 대화 성사가 과연 가능할까 싶어 내심 반 이상 기대를 접고 있었다고 보는 게 맞을 겁니다. 아무리 회복적 사법 전문가라 하더라도 마술을 부리지 않는 이상 무슨 수로 그들을 대면시켜 대화가 오가게 할 수 있겠나 싶었던 거지요. 그 아내가 과연 남편 얼굴을 보려고나 할까 싶은 정도였으니까요.

아니나 다를까, 두 분 담당 선생님들이 아내에게 전화를 했을 때, 그녀는 남편과 대화를 한다는 것 자체에 부정적인 반응을 보였다고 합니다. 편의상 '조정자'라고 칭하며 얘기를 이어가도록 하지요. 그녀는 조정자들에게, 남편과 만나고 싶지 않다, 마주 보고 대화하기가 겁나고 싫다, 너무나 힘들다, 몸도 아프다, 그냥 모든 것이 빨리 끝나버렸으면 좋겠다는 식의 태도를 보였다고 하더군요.

여러분, 그녀의 상태가 이해되시는지요. 얼마나 힘이 들지, 괴로울지, 그리고 남편을 떠올리면 얼마나 무섭고 불안할지, 앞으로의 일들을 그려보는 것이 얼마나 막막하고 걱정될지.

사람이 이런 상태에 있을 때는 에너지도 너무 떨어져서,

주변의 도움을 받아들이는 것조차도 버거울 수 있습니다. 수술을 버텨낼 최소한의 체력은 있어야 수술을 할 수 있는 것처럼요.

그녀의 상태를 이해한 조정자들은 감사하게도 수고스러움을 마다하지 않고 그녀가 나오기 편한 주거지 인근까지 찾아가 그녀를 만나주었습니다. 그리고 반나절 가까운 긴 시간 동안 함께하며 공감하고 위로하며 그녀의 이야기를 들어주었습니다. 그리고 진정 그녀가 원하는 것, 그녀에게 꼭 필요한 것들을 함께 의논해주었습니다.

그동안 남편을 위해 시부모에게 얼마나 헌신하고 애써왔는지, 남편이 몸이 아파 일을 못하게 되자 경제적으로 가족을 부양하기 위해 얼마나 노력해왔는지, 전남편의 딸과 현 남편 간의 갈등해결을 위해 노심초사하고 얼마나 신경을 썼는지, 그런 그녀가 결국 남편에게서 쫓겨나고 칼로 위협까지 당하니 이젠 더 이상은 결혼을 유지할 수 없겠다는 절망감에 이미 마음이 굳었고 얼마나 슬픈지. 그리고 남편에 대한 두려움과 분노가 뒤엉킨 복잡한 마음들까지.

그녀는 지지적 태도로 자신의 말을 공감적으로 들어주는 조정자들에게 그동안의 힘들었던 마음을 실컷 쏟아내고 나자 비로소, 왜 싸울 때마다 '내 집에서 나가라'고 했는지, 자신을 아내이자 가족으로 인정하지 않았던 건 아닌지 남편에게 그 이유를 들어보고 싶다며, 관계를 종결하기 위해서라도 남편을 만나서 이야기를 해보겠다고 했답니다.

한편 조정자들은 국선변호인을 대동한 그녀의 남편과도 따로 만나서 이야기를 들어주었습니다. 남편은 아내와 재혼해서 둘이 살다가 아내의 딸과도 함께 살게 되자 소외감을 많이 느끼게 되었다고 합니다. 그것을 제대로 대화로 풀지 못한 채 술을 마시고 화풀이를 반복하다보니 아내와 갈등이 깊어졌고, 아내가 가출한 후(아내는 남편이 '내 집에서 나가라'고 하여 결국 짐을 싸게 된 것인데, 남편은 아내가 '가출했다'고 느끼고 그렇게 말하고 있는 것이지요), 아내의 마음을 돌리려고 전화를 여러 번 했지만 아내가 받아주지 않았다고 하면서(이 역시 아내 입장에서는 일하는 중에 전화를 해서 자꾸 시비조로 말하니 전화를 끊을 수 밖에 없었다고 하는데, 남편은 전화를 해도 아내가 번번이 전화를 끊어버렸다고 말하고 있는 것입니다), 자신이 아내에게 범죄를 저지른 것은 잘못했지만, 왜 그렇게까지 된 것인지를 구구절절 조정자들에게 하소연했다고 합니다. 역시 반나절 가까운 긴 시간 동안이나요.

범죄자의 변명인데 왜 들어주고 있냐구요? 그러면 가해자가 자기를 두둔해주는 줄 알고 잘못을 모르지 않겠냐구요?

여러분, 조정자들이 피해자-가해자 대화 모임에 앞서 왜 가해자와 이런 대화의 시간을 가지는 걸까요.

아무리 범죄자라도 억울한 것은 있지요. 아무리 잘못한 행위라도 왜 그런 짓을 하게 되었는지 이유는 늘 있기 마련이고요. 그런 이야기들을 조정자가 충분히 들어주어서, 가해자가 마음속에 자기 나름의 억울함이나 응어리진 것이 어느 정도 풀려야, 피해자를 대면했을 때 피해자에게 나가는 말들이 군더더기 없이 깨끗한 사과의 뜻으로 표현될 수 있다고 합니다.

아무리 명백한 잘못을 한 사람이라도 자신의 억울함이 속에 있으면 피해자를 만나서 말을 할 때 그 억울함이 묻어서 나가기 때문에, 피해자에게 사과를 하려고 해도 변명부터 늘어놓게 되거나 잘못을 인정하는 말보다는 자기합리화나 자기 정당화의 표현들이 먼저 나가기 십상이니까요. 그러면 피해자는 듣기에 불편할 뿐 아니라 때론 점점 화가 돋우어질 수도 있는 것이지요. 그래서 자칫 준비되지 않은 가해자를 피해자에게 성급히 대면시킨다면, 안 하느니만 못한 대화가 될 수 있고, 나아가 피해자에게 2차 피해를 입힐 우려도 있는 것이거든요.

이 사건의 조정자들은 회복적 사법에 기반한 피해자-가해자 대화 모임을 진행할 수 있는 전문가였기 때문에 당연히 사전 준비로 가해자와의 공감적 대화에 충분한 시간과 정성을 들였던 것입니다. 물론 그 결과 피고인 남편의 마음이 어느 정도 풀리고 내려가면서, 아내와 대면했을 때 자신의 입장을 되풀이하기보다는 아내의 편에서 아내의 말과 아내의 마음을 들어줄 마음의 공간이 생기게 되었습니다.

그러면 결국 조정자들은 제가 기대하지 못했던 마술이라도 부린 셈이 되는 건가요?

이렇게 정성을 들여 양쪽을 준비시킨 후 조정자들이 남편과 아내를 대면시켜서 대화 모임을 진행했던 결과는 놀라웠습니다. 풀어야 할 이야기들이 많았기에 역시 반나절 이상의 마라톤 대화 모임이 진행되었지만, 조정자들은 찬찬히 끈기 있게 두 사람 사이의 대화를 이어갔습니다.

아내는 자신이 결혼생활을 유지하려고 얼마나 노력해왔는지, 그리고 '그날'도 자신은 오히려 칼을 숨기며 남편을 보호하려 했었다는 것을 남편이 알아주기를 바랐습니다. 하지만 이제 더 이상은 남편과의 결혼생활을 감당할 수 없다는 마음도 이해하고 받아주기를 바랐구요.

남편은 의도적으로 그런 게 아니고 술에 취해서 그런 것임을 반복해서 말했는데, 술 때문이라고 변명하려는 뜻이 아니라 결코 아내에 대한 나쁜 마음이 있었던 것이 아니라는 의미로 아내에게 잘 전달이 되었습니다. 그래서 '그날' 일에 대해서 자신이 잘못을 인정하고 있다는 마음을 진정성 있게 전했고, 아내에게 그날 이후 처음으로 진심 어린 사과를 했습니다.

그리고 아내가 얼마나 무서워했고 또 지금도 무서워하는지, 아내의 두려움과 공포에 대해서도 충분히 이해하게 되었습니다. 그래서 자신은 이혼을 원하지 않지만 아내가 원한다면 그 뜻대로 하겠다고 말했습니다.

결국 그 대화 모임의 말미에 남편은 더 이상은 결혼관계의 지속을 아내에게 요구하지 않게 되었고, 아내의 이혼의사를 수용하는 태도를 보이게 되었습니다. 마음이 진정되어 현실을 받아들이게 된 것일까요. 혼자서는 쉽지 않았거나 적어도 오랜 시간이 걸렸을 일이 조정자들의 도움으로 비교적 쉽고 빠르게 가능하게 된 것입니다.

아내는 "답답한 마음이 많이 편해졌고 상담받기를(대화 모임 가진 것을 이렇게 표현한 것 같습니다) 잘했다"라고 후일 법원의 모니터링 과정에서 진술했습니다.

이후 피고인의 국선변호인의 조력으로 남편과 아내 사이에서의 후속 합의가 매우 전향적으로 이루어졌습니다.

아내는 남편을 용서해주고 법원에 처벌불원서를 내주기로 하였고, 남편은 아내의 원대로 협의이혼을 해주기로 하였으며, 이혼 위자료 및 재산분할과 손해배상 명목으로 남편 명의로 있던 집을 아내에게 소유권이전등기해주기로 하였습니다. 손해배상은 범죄행위에 대한 것으로서 민사상 불법행위로 인한 손해배상이자 형사합의금 성격을 띠는 것이었으니, 집의 소유권이전등기로 민사 및 형사, 그리고 가사 위자료 및 재산분할이 일거에 해결된 획기적인 합의였습니다.

당시 그 집은 그 남편과 아내의 유일한 재산이긴 했지만, 상당한 비율의 대출을 끼고 있었기 때문에 아내가 그 대출을 떠안고 명의를 이전받으면 계산상으로는 약 1,000만 원 정도를 남편으로부터 민, 형사 합의금 및 이혼 위자료와 재산분할 명목으로 받는 셈이었습니다. 어떠세요. 합의 내용도 이 정도면 적정하다고 볼 수 있을까요?

예정되었던 선고기일에 피고인에 대한 변론이 재개되었

고, 피고인에 대한 양형자료로 위와 같은 회복적 사법 프로세스에서의 결과물, 즉 피고인에 대한 처벌불원서와 합의서, 협의이혼신고서 등이 제출되었으며, 공판검사는 징역 1년 6개월의 구형을 변경해서 징역 1년에 집행유예 2년으로 구형을 다시 했습니다. 최종적으로 선고된 형도 실형이 아닌 검사가 구형한 것과 같은 집행유예였습니다.

회복적 사법 전문기관의 도움으로 피고인 남편은 그 이상 받기 어려운 양형상의 이익을 받았다고 보입니다. 지금은 헌법재판소에서 위헌판단이 되어 삭제된 조항이지만 당시 남편이 기소되었던 폭력행위등처벌에관한법률위반(집단·흉기등협박)죄로 그 이상 선처를 받을 수는 없는 양형이라 할 수 있지요. 하지만 그냥 거저 선처된 것이 아닙니다. 이는 그 남편이 용기를 내서 자신의 잘못과 직면하고 아내와 진솔하게 대화한 노력의 결과물로서, 자기 행위의 의미를 제대로 자각해서 진정한 책임을 지면서 자신도 아내에게 이해를 받고서 사과를 하고 용서를 구한 것이니, 그 남편은 양형상 선처를 받을 충분한 자격이 있다고 생각이 듭니다.

피해자인 아내가 받은 이익도 헤아리기 힘들 정도일 것 같습니다. 아내가 남편과의 대화 모임으로 나아간 용기가 주었던 선물은 실로 놀라운 것이 아닐 수 없습니다. 남편에게서 제대로 사과를 받고 상처가 치유될 수 있었을 뿐 아니라, 법적인 문제에서 민사소송이나 이혼소송을 따로 하는 고통을 피할 수 있었으니까요. 게다가 이는 단순히 약속을 받는 수준이 아니라 이행이나 집행 문제를 신경쓰지 않아도 될 수준까지 일거에 해결하는 양질의 합의 결과물이었기 때문입니다.

무엇보다도 아내는 더 이상 남편이 찾아와서 또 폭력을 쓰지 않을까, 괴롭히지 않을까 하며 마음 졸이고 불안해하지 않게 되었으니 평온한 일상으로 안전하게 돌아갈 수 있는 이 가치를 무엇에 비할 수 있을까요.

지난 장에서 문제해결법원의 일종인 미국 뉴욕주의 통합가정폭력법원^{IDVC}에 대해 소개해드렸는데, 우리에게는 그와 같은 시스템이 제도적으로 마련되어 있지는 않지만, 이 남편과 아내의 피해자-가해자 대화 모임이 가져다준 놀랄 만한 결과는 IDVC 수준 이상의 그것이라 할 수 있을 것 같아요.

문제해결법원[15]이 별도로 설치되지 않더라도 만약 이와 같이 당사자 간에 대화로 문제를 해결할 수만 있다면, 관련 분쟁을 한꺼번에 해결할 수 있기 때문에 충분히 문제해결법원의 역할을 대체할 수 있고, 대화를 이어주는 회복적 사법 전문가들이 바로 문제해결법원의 기능을 한다고 볼 수 있지 않을까요.

삶에서 닥친 문제를 해결하는 것은 그 당사자들이 스스로 해야 하고 할 수 밖에 없다고 봅니다. 국가도 사회도 제도도 지원해주는 사람들도 결국 그들을 도울 수 있을 뿐이지, 궁극적으로 문제를 해결할 수 있는 것은 자기 자신뿐이니까요.

그래서 우리가 대화로 문제를 해결하는 힘을 가진다는 것은 스스로 자신의 문제를 해결할 수 있는 힘을 가진다는 것입니다. 사법제도의 힘을 빌리거나 정치세력의 힘을 빌리지 않고도 스스로 자신의 문제를 해결해나갈 수 있다면 우리의 삶이 그만큼 질적, 양적으로 확장될 수 있고 풍요로워질 수 있지 않을까요.

회복적 사법은 피해자에게
무엇이 좋은가

존경하는 재판장님, 저는 피고인 ○○○ 사건의 피해자입니다. 어제 피고인에 대한 형사재판을 법정에 앉아 지켜보는데, 너무나 어이가 없고 기가 막혔습니다. 그리고 분노가 치밀어 밤새 한숨도 자지 못했습니다.

존경하는 재판장님, 피고인이 법정에서 한 말은 한마디도 사실이 아닙니다. 모조리 거짓임을 꼭 알아주셨으면 합니다.

그는 단 한 차례도 저를 찾아오거나 사과를 한 사실이 없습니다. 수백만 원의 수술비를 들여 고통스런 치료를 받는 동안 제가 입원해 있던 병원에 코빼기도 비치지 않았습니다. 저는 단 1원의 치료비도 받지 못했을 뿐 아니라, 일을 못해 생계도 막막한 상황입니다.

그런데 피고인은 언젠가 딱 한 번 저에게 전화를 해서는, 무작

정 50만 원에 합의 보자면서 저도 잘못했다, 유발했다는 식으로, 아픈 사람한테다 대고 도저히 해서는 안 될 말을 하길래, 그냥 전화를 끊어버린 적이 있을 뿐입니다. 수술비만도 수백만 원이 나왔는데 어떻게 50만 원에 합의를 봅니까. 그리고 사람이라면 미안하다는 말을 먼저 해야 하는 것 아닙니까.

그런 피고인이 법정에서 판사님 앞에서만 착한 사람인 척하고, 반성한다, 잘못했다 하면서 완전히 위선적인 모습을 보이더군요. 피고인이 저에게 사과하고 피해회복하려고 노력했지만 제가 받아주지 않았다고, 새빨간 거짓말을 늘어놓는 것을 법정 뒤에 앉아서 지켜보고만 있어야 했던 제 심정은 정말 억장이 무너지는 것 같았습니다. 너무나 분통이 터지고 억울합니다. 저는 절대 합의해줄 수가 없습니다. 강력한 처벌을 원합니다.

현명하신 재판장님께서 피고인의 거짓된 모습에 절대 속지 마시고, 저와 같은 피해자가 또 다시 나오지 않도록 피고인을 엄히 처벌해주시기를 간곡히 탄원합니다.

여러분도 읽으시는 동안 이 피해자와 함께 점점 화가 나실 것 같아요. '아니, 이렇게 나쁜 사람이 다 있다니' 생각하시겠지만, 사실 형사재판을 하다보면 늘상 숱하게 접하는 피해자의 진정서입니다. 법정에서 피고인이 자백하고 반성한다며 사죄하는데, 피해자는 그런 피고인의 말과 태도는 거짓이라며 분노에 찬 엄벌 진정서를 내는 경우가 비일비재하다는 것이죠.

놀라우신가요. 아니, 피고인들은 범죄를 저지른 사람들이니 원래 나쁜 사람들이라 그런 것일까요.

그런데, 여러분, 사실 판사는 위와 같은 피해자 진정서가 들어오기 전까지 피고인에 대한 나쁜 인상을 가지기가 쉽지 않습니다.

법정에서 보는 피고인은 긴장된 표정으로 잘못했다면서 진지하게 반성하는 태도를 보이고, 제발 용서해달라며 판사에게 계속 머리를 조아립니다. 판사가 독심술을 쓰는 것도 아닐 텐데 그 진심을 꿰뚫어 알기란 쉽지 않겠지요.

그리고 대부분의 경우 피고인이 잘못했다고 용서를 비는 모습 자체는 진실일 겁니다. 법정구속이 되어 징역을 사느냐 마느냐, 자신의 운명을 쥐고 있는 판사에게 감히 거짓을 고하겠습니까. 온 마음을 바쳐서 잘못을 빌고 간절히 선처를 구하는 것만큼은 진심일 겁니다.

한번은 어떤 피고인이 법정에서 무릎을 꿇고 빌겠다고 하는 것을 말린 적도 있습니다. 그 간절함, 그리고 후회스러움과 반성은 진지하고 순전한 것임에 틀림없을 겁니다. 다만 그 상대가 피해 당사자가 아니라, 판사와 법원, 국가를 향한 것이라는 데 문제가 있을 뿐인 거죠.

"형사사법 절차에서 가해자는 피해자의 피해에는 관심을 기울이지 않고 자신이 느끼는 부당함에 초점을 맞추게 된다. 이들은 피해자의 곤경이 아니라 자신의 곤경에 초점을 맞추게 되고, 형사절차의 복잡성과 범죄 가해자 중심으로 이루어지는 재판과정으로 인해 자신의 법률적 상황에 매몰될 수밖에 없다."[16]

회복적 사법의 아버지로 불리는 하워드 제어의 《회복적 정의란 무엇인가》라는 책에 나오는 대목을 인용해보았는데, 어떠세요. 아하! 하고 이해가 되시는지요.

범죄피해자 입장에서는 가해자가 자신에게 찾아와 사죄를 하고 필요한 배상을 하고 용서를 구해야 하는데, 막상 가해자가 피해자인 자신은 속칭 '쌩까버리고' 오직 판사에게만 머리를 조아리며 사죄하는 모습을 보게 됩니다. 억장 무너지는 상황을 마주하게 되는 거지요.

만약 위와 같은 일이 어쩌다 한 번, 어떤 아주 나쁜 피고인과 피해자 사이에서만 벌어진다면 그 피고인 개인을 비난할 일이겠습니다. 하지만 현재 우리의 형사사법 시스템에서는 그러한 일이 비일비재하게 벌어지고, 오히려 피고인이 피해자에게 찾아가서 진정으로 사죄를 하는 것은 드물고 예외적인 경우입니다.

그렇다면 이는 시스템 자체가 내포한 문제로서 시스템 자체를 살펴보아야 하지, 개개인을 비난하거나 칭송할 문제는 아니지 않을까요.

국가가 세워지고 국가에 의한 형사사법 시스템이 정립되는 과정에서, 국가는 사적 복수를 금지하고 국가가 나서서 범죄 가해자를 단죄함으로써 사적 복수의 연쇄에 의한 사회적 갈등과 위험을 중지시키고 일단 외형적으로는 사회의 평화를 이루고 있는 듯 보입니다.

국가가 나서서 범죄 가해자를 단죄한다는 것은, 객관적이고 중립적인 제3자적 기관이 적법한 절차에 따라서 범죄 가해자가 한 행위를 확정하고 그에 대하여 책임원칙에 입각한 처결을 한다는 매우 의미 있는 인류사회의 진전이기는 합니다.

그러나 그 과정에서 피해자는 원래 범죄피해를 입은 당사자이자 범죄피해가 발생하게 된 갈등 내지 문제의 당사자임에도, 가해자의 범죄행위를 확정하는 데 필요한 증인의 지위, 즉 형사사법절차의 부수적·보조적 지위에 머물게 된 것이지요.

국가가 전면에 나서서 범죄 가해자를 상대하다보니, 형사절차에서 국가로부터 범죄자가 불필요한 인권침해를 당하지 않도록 적법절차를 지키고 피고인의 권리를 보장하는 것이 중요해지고, 정작 범죄피해를 당한 피해자를 범죄피해로부터 회복시키고 구제하는 것은 2차적인 문제가 되어버리는 것이구요.

국가와 범죄 피고인 사이의 형사절차는 수사와 재판을 거쳐서 결국 '형벌'을 정하는 문제로 귀결되기 때문에, 피고인에게 어떤 형벌을 내릴 것인가에 형사사법기관과 피고인 모두의 관심과 초점이 모아질 수밖에 없으니, '그러면 범죄피해자는 어떻게 구제하고 도울 것인가'는 역시 차후 문제가 될 수밖에 없을 터입니다.

범죄를 저지른 가해자 입장에서, 범죄로 인해 곧장 수사기관에 입건되어 피의자로 수사를 받고, 이어 기소되어 피고인으로 재판을 받게 될 때, 그는 무엇을 최우선으로 생각하게 될까요.

'나는 앞으로 어떻게 되는 걸까'일까요. 아니면 '피해자는 지금 어떨까. 괜찮으려나. 내가 무엇을 어떻게 해주어야 할까'일까요.

당연히 전자일 겁니다. 즉 '내가 앞으로 어찌 될 것인가. 구속될 것인가? 징역을 살게 될 것인가? 중벌을 면하려면 나는 어떻게 해야 하나? 거짓말이라도 해서 형사처벌을 아예 모면할 방법은 없는 걸까?' 하는 생각들을 하게 될 겁니다.

기껏 피해자에 대한 생각이 난다 하더라도 그건, '혹시 피해자와 합의해서 피해자가 처벌불원서를 써준다면 내가 판사로부터 선처받을 수 있지 않을까' 하는 자기중심적 관점에서겠지요.

피해자가 보기에 범죄 가해자인 피의자·피고인들이 일말의 양심도 없고 죄책감도 없어 보이거나 오히려 적반하장 격으로 보이는 이유는 이와 같지 않을까요.

피해자가 아니라 여러분이 보시기에도 언론을 통해 늘 접하는 범죄자나 가해자들의 모습이 당당하리만치 뻔뻔해 보이고, 뭘 잘했다고 저렇게 다투나 싶은 이유가 바로 이와 같은 형사사법 시스템 자체의 한계 때문은 아닐는지요.

이런 가해자들을 보는 피해자들은 아마 억장이 무너지고

분노가 치솟을 겁니다. 범죄로 인한 피해 자체뿐 아니라 그 후속 과정에서 가해자의 태도나 대응 때문에 더 고통을 당했다는 피해자를 우리는 종종 마주하게 됩니다.

현재의 형사사법 시스템에서 피해자는 범죄피해를 당하면, 이를 국가에 신고하고, 국가에 범죄피해 사실을 증언한 후, 국가가 가해자를 처벌해주기를 기다려야 합니다.

그런데 만일 피해자가 자신에게 범죄를 저지른 가해자에게 직접적이든 간접적이든(꼭 대면해야 하는 것은 아닙니다), 가해자가 자신에게 저지른 일이 어떤 일인지를(물론 가해자는 자기가 어떤 행위를 했는지 그 자체는 알겠지만, 많은 경우 그것이 피해자에게 어떤 결과와 영향을 주었는지 그 해악의 실체는 잘 모릅니다) 말할 수 있다면 어떨까요.

즉, 가해행위가 자신에게 끼친 결과가 무엇이고 그로 인해 어떤 피해를 당했고 어떤 영향이 남아 있는지, 그 해악의 실체를 생생하게 말할 수 있다면 어떨까요.

그리고 그 피해를 회복하고 범죄의 결과와 해악으로부터 벗어나기 위해서 피해자에게 무엇이 필요한지 말할 수 있고, 가해자가 무엇을 해주어야 하는지 가해자를 향해 요구할 수 있다면 어떨까요.

아주 구체적으로 잘못을 인정받고 사과를 받고 싶다든지, 치료비를 얼마를 받고 싶다든지, 또는 배상금을 얼마를 어떻게 받고 싶다든지, 그 밖에 어떤 조치들을 해주었으면 하는지 등등 속 시원히 얘기라도 할 수 있다면 어떨까요.

그런 이야기들을 피해자가 신체적, 정서적으로 안전하게 할 수 있다면, 그런 안전한 공간이 확보되고 대화를 도와주는 전문가^{facilitator}가 주어진다면 어떨까요.

그래서 가해자에게 그 말들이 잘 전해질 수 있다면, 가해자로 하여금 자신이 피해자에게 저지른 짓이 무엇인지 그 해악의 실체와 피해자의 고통을 진짜로 보게 만들 수 있다면 어떨까요.

개중에 진정성 있는 가해자들에게는 자발적으로 피해자에 대한 적절히 책임 있는 조치들을 취할 수 있도록 기회가 주어진다면 어떨까요.

즉, 범죄로 인한 피해자의 '고통', 그로부터 벗어나기 위해 피해자가 '필요'로 하는 것들에 대해 진정성 있게 반응하는 가해자에게는 사과와 배상, 향후 그러한 일이 반복되지 않도록 책임 있고 통합적인 모든 조치들을 할 수 있는 기회가 주어진다면 어떨까요. 이러한 과정을 통해 피해자에게 실질적인 치유와 회복의 기회가 주어진다면 어떨까요. 그뿐만 아니라 이 모든 것이 신속하게 자발적으로 원만히 이루어질 수 있도록 적시에 적절한 기회와 안전한 공간과 유능한 조력자가 주어진다면 어떨까요. 얼마나 좋을까요.

회복적 사법은 피해자에게 이런 좋은 것들을 선물할 수 있습니다. 종래 형사재판에서 단지 증인에 불과한 수동적 지위에 있는 피해자가 회복적 사법 패러다임에서는 절차의 중심에 있게 됩니다. 보다 능동적으로 절차에 참여하면서 범죄피해와 고통, 그로 인해 현재 처한 어려움과 고충에 대해 충분히 이야기할 수 있습니다. 나아가 가해자의 진정한 사과와 반성을 요청하고 확실한 방식의 책임을 촉구할 수 있습니다.

우리 사회가 이렇게 좋은 것을 안 하고 계속 미루고 있을 이유가 과연 있을까요.

24

회복적 사법이 피고인에게도
이익을 줄까

'아니, 어떻게 하면 이런 어처구니없는 실수를 하지? 이런 사람은 아예 운전을 하지 말아야 하는 거 아냐?'

어떤 교통사고처리특례법위반 약식명령 사건 기록 하나를 검토하는데, 저도 모르게 이런 생각이 불쑥 올라왔습니다. 실수라고 보기엔 부주의한 정도가 너무나 심했고 사고 결과도 결코 가볍지 않았습니다.

'아니, 검사는 어떻게 이런 사건을 약식명령으로 청구했지? 정식으로 구공판했어야 하는 거 아냐?'

교차로에서 정지신호로 바뀌어 앞 차가 섰습니다. 그러면 당연히 뒤따라가던 차도 속도를 줄이고 섰어야 마땅했겠지요. 그런데 이 차는 그러지 않았습니다. 아니, 그러지 못했습니다.

똑바로 전방주시를 안 하고 있어서 신호가 바뀐 것을 못

보았을까요, 앞 차가 서는 것을 보지 못한 것일까요. 아니면 앞 차와 차간거리를 두지 않아 급브레이크로는 소용이 없었던 것일까요. 미처 속도를 다 줄이지 못하고 앞 차와 충돌할 상황에 놓이게 되었습니다.

그러자 이번에는 어이없이 핸들을 왼쪽으로 틀어버립니다. 1차선에 있었는데도 말이지요. 그러니 곧바로 차는 중앙선을 넘어갔고, 제 신호에 따라 마주오던 차와 정면으로 충돌해버렸습니다.

양쪽 차량 모두 앞 범퍼가 반쯤씩은 구겨져버렸고 사람도 다쳤습니다. 중상자가 나오지 않은 것이 천만다행이었지만, 결코 가볍기만한 상해는 아니었죠.

'대체 어떤 운전자야?'

피고인 신상과 범죄경력조회서를 찾아보았습니다. 40대 중년 여성이었는데, 그 이전까지 교통사고 전력이 없는 것은 물론, 다른 범죄전과도 없었습니다.

'운전경력이 꽤 될 텐데, 그동안 사고는 없었단 건가? 하지만 뭐든 처음은 있는 법이니, 초범이라고 무조건 봐줘야 하는 것은 아니지.'

피해회복이 제대로 되었는지 수사기록 뒷부분의 자료를 찾아보았습니다. 피고인의 차량이 종합보험에 가입되어 있었고 보험회사에서 피해자에게 인적, 물적 손해를 배상했다는 자료가 첨부되어 있었습니다. 그리고 피해자 조사 결과, 다행히 피해자가 제대로 배상을 받았다고 진술하고, 나아가 피고인에 대해서는 처벌을 원하지 않는다고 말했더군요.

'흠, 그래서 약식명령으로 보낸 건가? 하지만 아무리 그래도 그렇지, 주의의무 위반 정도가 너무 심한 거 아냐? 아니, 운전하는 사람이 정신을 어떻게 놓고 있으면 사고를 이런 식으로 낼 수 있지? 평소 운전 습관도 이상한 거 아냐?'

제 안에서는 여전히 비난의 말들이 올라왔고 한편 걱정도 되었습니다.

'좀 따끔하게 경종을 울리고 앞으로 조심하도록 금고형에 집행유예를 하면서 준법운전수강명령이라도 붙여야 하는 거 아냐? 교육이라도 좀 받게 해야지, 사고를 또 내면 안 되잖아? 정식으로 재판받게 공판회부를 할까?'

자꾸 엄격해지는 마음의 긴장을 느끼며, 대체 피고인 자신은 사고에 대해 뭐라고 말하고 있나 싶어서 피의자신문조서를 찾아 읽어보았습니다.

"정말 죄송합니다. 제가 평소에는 이러지 않는데……. 남편이 당뇨병으로 몇 년간 고생을 하다 이제 신장 투석까지 받게 되었거든요. 그때 갑자기 병원에서 남편이 위급하다는 연락이 와서, 전화 받고 급하게 가다보니……. 제정신이 아니었습니다. 그래도 조심히 운전했어야 하는데, 정말 너무나 죄송합니다. 앞으로는 절대로 이런 일이 없도록 하겠습니다."

갑자기 저는, 기록 안에서 딱딱한 잣대로만 '피고인'을 보고 어떤 '처벌'을 내리는 것이 적합할지만 쫓아가던 마음이 순간 탁 풀리는 것을 느꼈습니다. 피고인이라기보다 한 아내인 그 여성에게 좀 미안한 마음마저 들더군요.

'아니, 어떻게 이런 어처구니없는 짓을'이 '아, 그런 상황이라면 나도 그럴 수 있겠다'로 바뀌는 순간이었습니다.

피해자가 보험회사에서 보험금을 받았다고는 하나, 그것으로 끝내지 않고 피고인에게 추가적인 형사합의금을 요구하는 경우가 종종 있을 뿐 아니라 때로는 보험금과 상관없이 피해자가 화가 나서 피고인을 강력히 처벌해달라고 하는 경우도 드물지 않은데요.

그런데 이 사건에서는 피고인이 피해자에게 보험금 외에 추가적인 합의금을 주었다는 기록이 없는 채로, 단지 수사기관이 피해자를 조사한 피해자진술조서에 피해자가 '제대로 배상을 받았다'는 것과 '피고인에 대한 처벌을 원하지 않는다'는 진술만 기재되어 있을 뿐이었습니다.

아마도 피고인인 그 여성의 진술 태도에 비추어 추측해보건대, 그 여성분은 사고 초기부터 피해자에게 사과를 하면서 자신의 상황과 사정을 말하고 용서를 구하지 않았을까 싶습니다. 그러한 전제하에 종합보험으로 성실히 피해배상절차를 밟아주었다면, 피해자로서는 별반 부정적 감정 없이 피고인에 대한 처벌불원의사를 표해주지 않았을까 싶습니다.

피고인이 잘못을 했고 그 잘못이 아무리 크더라도, 사람마다 다 사정은 있는 법이니, 그 사정이 누구라도 공감할 수 있을 만한 것이라면, 그것이 제대로 전해졌을 때 설령 피해 당사자라도 피고인을 이해할 수 있고 용서할 수 있는 것 아닐까 싶습니다.

그런데 만약에 말입니다. 이 사건에서 피해자가 사망하거나 중상을 입어서 피고인이 사고 당시나 수사 과정에서 피해자 측에 제대로 자신의 얘기를 할 수 없었다면 어떨까요? 또는 다른 이유로 그럴 기회를 갖지 못했다면 어떨까요?

여러분들의 이해를 돕기 위해 무겁지 않은 범죄인 과실범의 예로 시작해서 말씀을 드렸지만, 사실 과실범이나 가벼운 범죄뿐 아니라 매우 끔찍하고 무거운 범죄까지 다양한 스펙트럼의 범죄를 저지른 피고인들이 존재합니다.

피고인들도 여러분이나 저 같은 사람이기 때문에 대부분의 경우 죄책감을 갖거나 후회를 하고 또 그것을 말하고 싶어 합니다. 비록 일시적일지 몰라도 피해자에게 직접 사과를 하고 싶다는 충동을 느끼기도 합니다. 어떤 사람들은 진지하게 지속적으로 양심의 가책과 사과를 표현하고 싶어 합니다. 자신에 대한 연민과 불안, 그에 따르는 후회가 뒤섞여 있을지라도 피해자에 대한 미안함 자체는 진심일 수 있습니다.

그리고 물론 자신을 위한 변명도 하고 싶어 합니다.

내가 왜 그런 짓을 하게 되었나, 어떤 상황이었나, 어떤 사정이 있었나, 물론 그렇다고 하더라도 나는 그런 방법을 택해서는 안 되었다, 나도 그것을 지금은 안다, 그런데 그때는 절박했고 나도 내 정신이 아니었던 것 같다, 후회스럽다, 다시 되돌아가면 그렇게 하지 않을 것이다, 피해자에게 미안하다, 방법만 있다면 되돌리고 싶다, 지금 이 상황이 꿈이었으면 좋겠다, 모두에게 그리고 나 자신에게도 미안하다, 나 자신이 원망스럽다, 나는 왜 그랬을까.

법원에 숱하게 써 내는 반성문과 탄원서의 흐름은 모두 비슷합니다. 타인을 향해서 변명과 자기정당화의 말들로 시작을 하다가도 그것들이 충분히 쏟아져 나오고 나면, 후회와 자책, 피해자에 대한 미안함, 잘못을 되돌리고 피해를 회복해주고 싶은 마음, 그리고 자신에 대한 원망, 양심의 가책, 그런 과정들을 거치면서 자신과 자신의 행동을 성찰하게 되는 것 같습니다.

단지 판사에게 잘 보여서 형을 적게 받으려고 거짓으로 그럴 수도 있다고요? 글쎄요. 그런 사람이 없지는 않겠지만 저는 대부분의 경우 그 마음만큼은 진심일 거라고 봅니다.

하지만 그런 피고인들에게 우리 형사사법절차는 '방어권'의 보장이라는 이름하에 그중 일부만을 공식적으로 말할 수 있게 하고 그조차도 피해자를 향해서가 아니라 국가나 판사를 향해서만 말할 수 있도록 허용합니다.

그래서 피고인들은 피해자를 향해서는 어떤 말을 한다거나 할 수 있다는 것 자체를 잘 상정하지 못합니다. 방법이 없다거나 방법을 모른다는 것 이전에 피해자를 향해서 또는 피해자와 어떤 말을 하고 나눌 수 있다는 가능성 자체를 잘 떠올리지 못합니다. 특히 피해를 '갚을 수 없는' 것이라고 느끼거나 저지른 짓이 입에 올리기조차 '끔찍한' 어떤 것이어서 적절히 표현할 말을 찾을 수 없을 때 종종 피고인들은 그냥 입을 닫아버리고 포기하기도 합니다.

이러한 피고인들에게 적절한 절차process와 유능한 절차조력인facilitator 내지 조정자mediator가 제공된다면 어떨까요.

가해자에게 후회와 반성과 사과를 적절히 표현할 수 있는 기회를 준다면 어떨까요. 그러한 표현을 직접 피해자를 향해서 할 수 있는 안전한 공간 또는 방법이 주어진다면요. 여기서 '직접'이라고 말한 의미는 꼭 '대면'을 의미하지는 않습니다(편지 등을 통한 비대면 방식으로도 피해자를 향한 직접적 소통은 가능하니까요). '국가기관에 대한 진술'에 대립되는 의미입니다. 영어로는 'statement(진술)'에 대비되는 'conversation(대화)', 'communication(소통)'을 의미하지요.

그러한 기회를 통해 피해자와 대화하고 소통하게 되면, 혹시 피해자를 더 깊게 이해할 수 있는 기회, 즉 자신이 저지른 짓이 피해자에게 끼친 실질적 해악과 영향을 더 잘 알게 되어 자신의 행위를 더 잘 이해할 수 있는 기회를 열어주지는 않을까요.

이것이 바로 회복적 사법 절차Restorative Justice Process인데요. 피고인으로 하여금 형사처벌을 넘어선 진정한 책임accountability을 지고 피해를 회복할 수 있는 적절한 방법을 찾아낼 수 있게 해주지 않을까요. 이는 결국 피고인에게 형사재판에서 처벌의 감경이나 면제라는 양형상 이익으로 연결될 것이고, 피고인이 좀 더 수월하게 사회 내에 재통합되도록 하여 재범할 가능성을 줄여줄 수 있을 것입니다.

회복적 사법을 형사절차에 도입하여 실행하고 있는 전 세계(이는 단지 은유적 표현이 아니라 유럽과 북미, 오세아니아를 아우르는 말 그대로의 전 세계입니다)의 연구 결과에서 그 증거를 찾기란 어렵지 않습니다.

회복적 사법의 실행 결과를 평가한 많은 연구 자료들이 있는데, 피고인의 재범률을 줄여준다는 연구 결과가 가장 흔합니다. 영국의 2001년부터 2008년까지의 국책 연구조사 자료에 의하면[17] 회복적 사법이 재범률을 14퍼센트 감소시켰다는 조사 결과가 있는데, 대면조정의 경우는 분리조정(비대면조정)보다도 더 재범률이 낮다고 합니다.[18]

북미와 유럽, 오세아니아에서 회복적 사법 절차를 피고인들이 만족스러워하고 형사절차가 공정하다고 느낀다는 연구 결과가 많은데요.[19] 이렇게 피고인들이 형사사법절차에서 만족스러운 경험을 하면 재범률을 낮추는 데 도움이 된다는 지적도 함께 연구 결과로 나와 있습니다.

재범률이 낮다는 말은 피고인의 사회재통합률이 높다는 말과 동의어입니다. 피고인이 좀 더 사회적 유대감을 느끼고 공동체의 일원으로 잘 살아갈 수 있게 된다는 뜻이기도 하구요.

피고인이 회복적 사법 프로세스를 통해서, 자신이 저지른 잘못에 대해서 이해와 용서를 구하고, 피해자에게 벌어진 자기 행위의 결과를 좀 더 실질적으로 이해해서 피해를 회복할 방법을 찾아 형사처벌을 넘어서는 진정한 책임을 지고, 그러한 과정을 통해 재범을 덜 저지르고 사회와 공동체의 일원으로서 잘 살아갈 수 있는 가능성이 더 커진다면, 얼마나 좋을까요.

 우리 사회가 이렇게 좋은 것을 한시라도 빨리 도입하지 않은 채 미루고 있을 이유가 과연 있을까요.

25

형사재판에도
회복적 사법이 필요하다

"피고인이 잘못을 깊이 뉘우치고 있으며 피해자에게 사과 및 피해배상을 하고 피해자와 원만히 합의하여 피해자가 피고인의 처벌을 원하지 않는 점, 이 사건 경위에 있어서 피고인도 층간소음 문제로 인해 고통을 받아 오다가 이 사건에 이르게 된 점, 피고인에게 벌금형을 넘는 전과는 없는 점은 피고인에게 유리한 정상이다.

그러나 한편 피고인은 동종 전과가 7회나 있음에도 또다시 이 사건 범행을 저질러 이 사건 죄질 중하고, 피고인의 동종 전과 대부분이 술에 취한 상태에서 저지른 범죄일 뿐만 아니라, 이 사건 범죄도 피고인이 술에 취한 상태에서 새벽에 어린 아이들을 키우는 피해자의 주거에 침입하여 저지른 것인 데다가, 술에 취한 상태에서 다시 이른 아침에 피해자의 주거를 찾아가 범죄행위를 계속하였고 심지어 출동한 경찰 앞에서도 피해자에게 폭력을 행사하였다. 나아가 피고인은 경찰에 조사를 받으러 출석하였을 때조차도 술에 만취한 상태로 경찰서에 출두하기까지 하였으니, 비록 이 사건 피해자에 대해서는 원만히 피해회복을 하였다고 하지만, 이 사건 죄질 중하고 피고인이 다시 술에 취하여 재범하여 다른 피해자를 양산하지 않으리라는 보장이 없다 할 것이니, 피고인에 대하여 경한 형사책임으로 방만히 용서할 수는 없는 노릇이고, 피고인의 범죄에 관한 특별예방 및 일반예방 효과를 확실히 기대하기 위해서는 피고인을 일정기간 사회와 격리할 것을 심각하게 고려하지 않을 수 없다.

다만 형벌은 책임주의에 입각해서 필요최소한으로 부과되어야 할 것인바, 혹여 피고인이 깊이 자성하고 알콜의존증(의심) 내지 그로 인한 것으로 추정되는 폭력성의 발현에 대하여 적절한 관리 및 감독 하에 치료를 받는 등의 조치를 수인한다면, 피고인에 대하여 실형을 꼭 집행하지 아니하더라도 피고인이 사회 내에서 가족과 직장 생활 등 정상적인 활동을 하면서 피고인의 범죄에 관한 특별예방 및 일반예방 효과를 기대해 볼 수 있다고 할 것이니, 이 법원은 피고인에 대하여 이번에 한하여 보호관찰 및 알콜중독과 폭력 치료 수강명령을 부가하는 조건 하에서 실형의 집행을 유예하여, 피고인으로 하여금 사회 내에서 형사책임을 다하며 갱생할 수 있도록 기회를 허여하기로 한다."

어느 형사 판결문의 '양형의 이유' 전문인데요. 사건의 내용이 언뜻 나오기는 하지만, 대체 어떤 스토리일까, 궁금해지시죠?

징역형에 대해서, 알콜중독치료 및 폭력치료 프로그램 80시간의 수강을 받아야 하고 2년간 보호관찰을 받는 조건하에서 형 집행을 2년간 유예하는 판결을 선고했던 사건인데요.[20]

이 피고인이 불구속 상태로 기소되어 공판기일을 열기 시작했을 때는 사실, '아이고, 이분은 법정구속하게 되겠구나' 하는 생각이 들었던 사건이에요.

새벽 2시에 남의 집에, 그것도 3세, 5세 어린아이가 있는 집에 쳐들어가 현관 앞의 유모차를 집어던져 부수고, 출입문을 발로 차 부수고, 그 깨진 유리가 흩어진 거실에까지 걸어들어가 방문도 발로 차서 부수고, 다시 아침 7시에 대화하겠다고 또 찾아가서 문 안 열어준다고 현관문을 발로 차고, 경찰이 출동해 있는데도 아이 아빠를 발로 차며 말 그대로 난동을 부렸거든요.

게다가 벌금형이지만 동종 전과 일곱 번에 피해회복도 안 되어 있으니, 징역형을 피할 도리가 없어 보였어요. 오히려 불구속 상태로 온 것이 용할 지경이었지요.

'왜 불구속 상태로 왔지?'

사건을 심리하면서 보니, 술 취한 상태로 범죄를 저질렀다가 술 깨고 나서 경찰 조사를 받으면서는 잘못을 싹싹 빌고 온순하게 수사에 협조해왔고(술 취해서 저지른 범죄라 괜찮다는 뜻이 절대 아니라, 어쨌든 맨 정신에는 멀쩡하게 잘못을 인정하고 반성하고 수사에 협조하니 증거인멸우려가 전혀 없고 피해자를 해할 우려가 없다는 의미 쪽에 방점이 있어요), 그도 직장과 아내와 중학생 딸이 있어서(사회 내 네트워크 안에 안정적으로 있는 사람이니 도주 우려도 없다는 의미죠) 구속할 사유는 없었던 것이지요.

그는 피해자 아랫집에 사는 40대 아저씨였는데, 한 4개월 전 윗집에 아이 둘을 키우는 피해자 부부가 이사를 오면서 층간소음 문제로 갈등을 겪어오던 끝에 결국 범죄를 저지르게 된 거였어요.

처음에는 조용히 해달라고 청하고 관리사무소를 통해서 말해보기도 했는데 나아지지가 않았고 중학생 딸이 밤에 잠을 못 자며 힘들어하는 것을 보니 점점 화가 났던 거예요.

사실 피해자 부부는 할 수 있는 모든 노력을 다해 소음을 줄이려고 애썼던 것 같아요. 수사기록에 있었던 그 집 사진이 지금도 기억이 납니다. 거실 바닥 전체에 촘촘히 매트를 깔아놓았던 사진이었죠. 하지만 집 자체의 한계인지, 아이들 키우다 보면 어쩔 수 없는 한계인지, 그 모든 노력에도 불구하고 아래층에서 느끼는 층간소음으로 인한 고통은 줄지 않았던가 봐요.

그러니 윗집 아랫집 사이에 자꾸 싸움이 생겼는데, 아랫집 아저씨가 점점 술 먹고 찾아와 힘들게 하는 일이 늘다보니, 아이를 키우는 위층 부부는 불안감에 현관 앞에 CCTV도 설치하고, 싸우는 중에 녹음도 하게 되었죠. 그 때문에 아래층 아저씨는 더 화가 나게 되었고요. 결국 어느 날 새벽, 술 취한 상태로 퇴근했다가 아내와 딸이 윗집 때문에 시끄럽다고 호소하는 얘기를 또 들으니 화가 난 그는 그만, 절대 해서는 안 되는 범죄를 저지르게 된 것이었습니다.

그 범죄 발생 이후, 윗집 피해자 부부는 너무나 불안하고 두려워서 이사를 가려고 집을 부동산사무실에 내놨고, 아랫집 아저씨와는 완전히 접촉을 피했어요. 당연하죠.

물론 아랫집 아저씨는 그 이후 절대 찾아가거나 하지는 않았지만, 잘못을 뉘우치고 사과하고 배상하고 싶어도, 그와 같은 단절 상태 때문에 할 수 있는 것이 아무것도 없었습니다. 그 상태로 기소되어 형사재판이 시작되어 저와 만나게 된 것입니다.

피고인은 잘못을 뉘우치면서 사과하고 배상하고 싶어 했지만, 형사재판은 법정에서 판사가 피고인에 대해 범죄사실을 확정해서 형벌을 정하는 절차일 뿐입니다. 피고인에게 사과하는 기회를 주거나 피해를 회복하는 절차가 아니지요.

양형증인으로 윗집 피해자를 법정에 소환해서 피해 정도와 피해회복 여부 등에 대해 심리를 하긴 했는데, 피해자는 당연히 피해회복을 원하지만 피고인을 접촉하고 싶지는 않았고 이사를 가려고 마음먹고 있었기 때문에 심리적으로나 금전으로 환산되는 금액 면으로나 피해가 컸습니다. 그리고 역시 형사재판은 법정에서 판사가 피고인에 대한 양형요소를 심리해서 그에 따라 형을 정하는 것일 뿐이니, 피해가 크고 피해회복이 안 되어 있는 상태라는 것을 확인만 할 수 있을 뿐, 피해자에 대한 실제 피해회복이 이루어지도록 도와줄 방법은 없지요.

답답하시다구요? 네, 이런 평행선 같은 답답한 상황을 늘 접하는 게 우리 형사재판의 일상이고 모습입니다.

저 상황에서 피고인과 피해자를 도와줄 방법이 없냐구요? 네, 없습니다. 우리 형사소송법은 형사재판절차에서 법원이나 판사가 피고인과 피해자 사이에 개입할 아무런 제도적 방편을 마련하고 있지 않으니까요.

그렇다고 형사재판 중에 그 절차 밖에서, 법원 밖에서, 피고인과 피해자가 서로 안전하게 접촉해서(직접적인 대면 접촉만이 아니라, 간접적인 또는 비대면 방식도 포함해서), 피고인은 피해자에게 잘못의 인정과 사과, 배상을 하고 피해자는 피고인으로부터 그와 같은 것들을 받아들이며 그 외에 피해회복에 필요한 조치나 책임을 구할 수 있는 제도적 장치나 사회적 여건도 마련되어 있지 않습니다.

즉, 형사재판절차 진행 중에 피고인과 피해자가 상호 안전하고 원만하게 실질적인 피해회복조치를 취할 수 있는 길은 우리나라에서는 제도적으로 마련되어 있지 않습니다.

피고인은 자칫 피해자에 대한 위해 우려 등 오해받을지 모르고 그 때문에 구속될지도 모를 위험을 각오해야 피해자에 대한 접촉을 시도할 수 있고, 피해자 역시 피해자 측에서 피고인을 안전하게 만나(대면 또는 비대면) 잘못의 인정, 사과나 배상, 기타 피해회복조치를 요구하고 싶어도 그럴 방법이 없다는 것입니다.

그러면 대체, 이 사건은 어떻게 저런 '양형의 이유'와 판결의 결론이 나게 된 것인지 궁금하시다구요?

네, 이 사건은 예외적으로, 당시 법원에서 형사재판 회복적 사법 시범실시를 하면서 그 적용을 받을 수 있었던 덕분에, 다행스럽게도 변론기일 이후 선고기일 사이에 피해자가 피고인으로부터 사과와 적정한 배상을 받고 처벌불원서도 써주게 된 것이었어요.

사실 이 케이스는 단지 회복적 사법 시범실시 적용대상 사건으로 정해졌을 뿐인데, 그러한 기회가 주어진 것만으로도 피고인과 피해자 사이에 안전한 공간이 생겼어요.

법원에서 정한 조정자(피해자-가해자 조정 모델에 입각한 대화 모임을 진행하기 위하여, 한국평화교육훈련원의 이재영, 정용진 두 분이 담당해주셨습니다)가 실제로 피고인과 피해자 사이에 개입을 하기도 전에, 피고인의 변호인이 정성스레 썼던 편지에 피해자가 마음을 돌이켜서 피고인과 피해자 사이에 회복적 무드가 조성이 되었고 원만한 해결에 이르게 되었습니다.

형사재판 단계에서도 피고인과 피해자에게 회복적 사법적인 접근을 할 수 있는 기회가 주어지는 것만으로도 뜻밖의 결과를 얻을 수 있다는 것을 배운 계기가 되었지요.

그런데 이런 결과가 정말 '예외적'인 것이고, 일반적인 형사재판에서는 '회복적 사법' 절차나 프로세스가 정말 없단 말이냐구요?

네, 정말 없습니다. 전혀 제도화되어 있지 않아요. 형사재판 단계나 절차에는 없습니다. 형사소송법 기타 관련 법령에 전혀 근거가 없다는 뜻입니다. 단지 일회적으로 시범실시로서만, 2013년도에 회복적 사법을 형사재판 10개의 사건에 대해 적용하는 시도를 한 적이 있을 뿐, 그 이후 제도적인 도입이 아직 없는 상태입니다. 우리나라에서는요.

'우리나라에서는'이란 말을 강조하는 이유가 궁금하시다구요? 사실 전 세계적으로 형사재판 단계에 회복적 사법이 도입되어 있는 곳이 많거든요.[21] 북미와 유럽은 물론, 중국에서도 2012년 형사소송법에 '당사자가 화해한 공소사건 소송절차'를 신설해서 형사화해제도를 입법했다고 합니다. "피의자, 피고인은 아래 공소사건에서 진심으로 죄를 뉘우치고 피해자를 향해 손해를 배상하고 예를 갖추어 사과하는 등의 방식을 통해 피해자의 용서를 얻고 피해자가 스스로 원하는 경우, 쌍방 당사자는 화해할 수 있다"[22]라고 규정되어 있다 하니, 놀라지 않을 수 없습니다.

이미 2002년 유엔에서 채택한 '형사사건에 회복적 사법 프로그램 적용에 관한 기본원칙'은 제6조에서 "회복적 사법은 형사절차의 모든 단계에서 일반적으로 활용될 수 있어야 한다"[23]라고 정하고 있습니다. '모든' 단계에 재판 단계가 포함됨은 물론입니다.

지난 2018년 유럽평의회^{Council of Europe}에서 채택한 '형사사건에 대한 회복적 사법에 관한 권고'**24**도 제6조에서 "회복적 사법은 형사절차의 어느 단계에서든 활용될 수 있다"**25**라고 정하면서, 체포, 기소 단계뿐 아니라 재판 단계에서도 형 선고의 일부로서 적용될 수 있다고 명시하고 있는데, 이는 유엔의 기본원칙에서 한 단계 더 나아간 것입니다.

우리의 형사사법은 이에 대해 눈을 감고 있는 것인지, 잠을 자고 있는 것인지, 아니면 그저 침묵하고 있는 것인지, 저는 그것이 궁금하네요.

형사재판에 회복적 사법이 도입되는 것, 그 제도적 도입을 위한 법제도의 정비가 왜 우리나라에서는 시작되지 않는 걸까요.

6부 ——————————— 회복적
사법이
열어줄

새로운
세상

26

지역기반 통합
형사조정센터를 꿈꾸며

#1

"여보! 당장 112에 신고해! 이거 안 놔? 개새끼야!"

정씨한테 멱살을 잡힌 안씨가 다급하게 소리쳤습니다. 그리고서 멱살 잡힌 정씨의 손목을 잡고 떼어내려고 세게 비틀었습니다.

"아아! 아주 적반하장이구만! 경찰? 그래, 얼른 불러!"

정씨도 아프다며 큰 소리를 지르자, 안씨의 아내가 두 남자 사이에 끼어들어 외칩니다.

"둘 다 이거 놓지 못해요? 자자, 놓으세요!"

일요일 아침에 동네 시끄럽게 싸움을 벌인 안씨와 정씨는 한 빌라 3층과 2층에 각각 세 들어 사는 사람들입니다.

302호에 안씨 부부가 아이를 키우면서 벌써 3년 넘게 살고 있던 작은 빌라였는데, 얼마 전 정씨가 202호로 입주해 들어오면서 아래윗집 사이에 크고 작은 신경전이 벌어졌던 거지요. 정씨는 독신인 데다가 밤일을 하고 아침이 다 돼서야 들어와 잠만 자고 다시 저녁에 나가는 식의 생활을 하고 있던 터라, 몇 세대 안 사는 이 작은 빌라 사람들의 요구를 맞추지 못했거든요. 분리수거 날짜를 안 지키고 아무 때나 아무렇게나 쓰레기를 내놓아 지저분하게 어지럽히기 일쑤였고, 공동청소비를 몇 달씩 밀려도 신경을 안 썼어요.

게다가 302호 안씨의 신경을 가장 거슬리게 한 것은, 그 작은 빌라에 한 세대당 한 대씩 겨우 세울 수 있게 마련된 주차장에 각 호별로 '주차 자리'를 정해놓고 있었는데, 새로 들어온 202호 정씨가 그걸 무시하고 지키지 않았던 거였어요. 정씨 생각에는 이전 사람들끼리 정한 주차 자리 같은 건 새로 들어온 사람들과는 협의되지 않은 것이니 일방적으로 강요받을 수는 없다는 것이었죠.

그러던 어느 일요일 아침, 일 마치고 새벽에 들어온 정씨가 302호 안씨네 '주차 자리'에, 그것도 옆자리 선까지 넘어서 대충 차를 대고 잠들어버렸는데, 전날 처가에 갔다가 아침에 돌아온 안씨네 가족이 주차를 하려고 보니, 떡하니 남의 자리에, 그것도 두 자리에 걸쳐서 차를 세워놓은 정씨 차를 보고서 결국 안씨가 불같이 화가 나 202호 문을 세게 두드리면서 그 사달이 나게 된 것이었어요.

잠결에 나온 정씨는 다짜고짜 안씨로부터 '개새끼'라고 욕을 들자 화가 났고, 둘은 멱살잡이를 하게 된 거지요.

"자자, 놓으시고요. 계속들 싸우실래요? 애 보는데 이러실래요?
여보, 당신도 좀 진정하고 그만 좀 하세요!"
안씨 아내가 말리고 나서자, 두 남자는 못 이기는 척 서로 손을
풀었습니다.
"일단 112 신고를 하긴 했지만, 경찰서로 갈 일은 아니고, 센터
가서 좀 얘기를 해보면 어때요?" 안씨 아내가 제안을 했습니다.
두 남자가 아직 씩씩대고 있는 사이, 순찰차를 타고 경찰관들이
도착을 했어요. 경찰관들은 두 남자를 분리시키고 상황을 파악
했지요.
"두 분은 지금 서로 폭행 또는 상해, 그리고 모욕으로 쌍방이 입
건될 수 있는 상황입니다. 그런데 여기 안씨 아내분이 우선 두
분이 센터 가서 좀 얘기를 해보면 어떻겠냐고 하시니, 저희 생
각에도 일단 그 기회를 먼저 가지시고 정식 입건 여부는 추후
판단하셔도 좋을 것 같은데, 어떠신가요?"
경찰은 기초적 조사와 신상 파악을 한 후 돌아갔고, 정씨는 일
단 잠을 마저 잤습니다. 그리고 경찰 앞에서 약속했던 대로 며
칠 후 쉬는 날 오후에 안씨와 함께 그 동네 구청 옆에 있는 '지
역분쟁조정센터'를 방문했습니다.
'지역분쟁조정센터'에서는 경찰이 사건당일 접수해서 예약해놓
은 담당 조정가가 두 남자를 기다리고 있었어요. 물론 안씨는
아내와도 함께 갔기 때문에 담당 조정가는 정씨와 안씨 부부,

양쪽을 잘 상담했습니다. 그 조정가는 쌍방이 서로 상대방의 입장도 이해할 수 있게 하면서도 자기 측의 요구를 상대에게 잘 전달할 수 있도록 도와주었어요. 그간 한 빌라에서 살면서 서로 불만이었던 점들을 털어내고 잘 조율해서 향후 공동생활에 필요한 약속까지도 했지요. 그리고 먹살잡이 사건에 대해서도 서로 민, 형사상 문제 삼지 않기로 잘 화해를 했습니다. 대화와 조정을 마친 후 경찰에도 연락을 해서 그 사건은 불입건처리로 잘 마무리가 되었습니다.

#2

"조사 결과, 아무래도 피의자 홍씨에게 사기죄가 성립한다고 보기는 어려울 것 같습니다. 피의자 강씨 스스로도, 두 분이 처음에 한 1년은 정말 좋은 사이였고 사랑하셨다면서요. 결혼까지 염두에 두고 나중에 함께 살 것을 생각해서 흔쾌히 개업자금을 보태셨다면서요. 피의자 홍씨 가족이나 주변 지인들도 다들 강씨를 장차 결혼할 사람으로 알았는데, 결국 두 분이 이별하시게 되면서 홍씨도 적잖이 상처받으신 거, 본인이 더 잘 아시구요. 돈 문제가 남았다고 해서 처음부터 사기를 치려고 했던 것으로 보기에는 증거가 부족합니다.

다만, 피의자 강씨가 피의자 홍씨 집에 몰래 들어간 것이나, 아무리 받을 돈이 있었다고 하더라도 허락 없이 지갑을 뒤져서 함부로 돈을 꺼내온 것은, 주거침입죄와 절도죄가 성립합니다. 아무리 전에 깊이 사랑하며 사귀었던 사이라 해도, 헤어진 후에 의사에 반해서 함부로 집에 들어가거나 그의 물건에 손대는 것이 정당화될 수는 없어요."

검사의 말을 들은 피의자 강씨는 한숨을 푹 쉬며 고개를 떨굽니다.

강씨는 결혼을 전제로 사귀었던 홍씨에게 개업자금을 대주었는데, 헤어지게 된 후 홍씨가 돈을 돌려주지 않자 알고 있던 비밀번호로 홍씨 집에 몰래 들어가 홍씨 지갑을 뒤져 돈을 꺼내 가지고 나왔고, 홍씨가 강씨를 형사고소하자 강씨도 홍씨를 사기로 맞고소를 하여 둘 다 피의자가 되어버린 겁니다.

그런데 경찰에서는 강씨만 주거침입과 절도로 검찰에 송치를 하고, 홍씨에 대해서는 무혐의로 송치를 하자, 강씨는 억울하다고 주장하면서 검찰 조사에 계속 응하였습니다. 사귀던 사이일 때 그런 식으로 늘 드나들던 홍씨 집이었고, 역시 사귀던 사이일 때는 네 돈 내 돈 없이 함께 썼는데, 이제 와서 주거침입이라니, 절도라니, 무슨 법이 그런지 도저히 이해할 수가 없었던 겁니다.

검사님은 나의 억울함을 알아주겠지 하며 기대를 했는데, 이제 검사님마저도 경찰과 같은 얘기를 하니, 내가 뭔가 잘못 알았던 것일까, 법이란 것이 이런 것인가 하고 자포자기하는 마음이 생긴 것이었어요.

"하지만, 두 분이 한때 좋은 사이였던 건 분명하시죠? 피의자 홍씨도 피의자 강씨에게 모질게 형사 문제를 삼고 싶지는 않다는 의향을 비치고 계시고, 두 분이 돈 문제를 해결하셔야 하기도 하고요. 피의자 강씨가 민사소송도 고려 중이라고 하시니까요. 만약 두 분이 원하신다면 형사조정절차를 거칠 수 있는 기회를 드릴 수 있습니다. 센터에서 형사조정절차를 거치시면서 그 안에서 민사 돈 문제나 두 분 관계도 좀 함께 잘 정리하신다면 좋을 것 같긴 합니다. 맘 정리도 좀 하시구요. 어떠세요?"

경찰 단계에서는 자기의 행위가 범죄가 된다는 것을 잘 받아들일 수 없었던 피의자 강씨가 검사가 하는 말에는 고개를 끄덕였습니다. 피의자 홍씨에게 사과할 기회를 갖고 싶고 다만 돈 문제는 꼭 해결을 받고 싶다고 했습니다. 피의자 홍씨도 대화로 원만히 관계를 정리하는 것에 동의를 했습니다. 검사는 관할 지역 내 '통합형사조정센터'에 두 사람을 인계해주고 형사조정이 진행되는 동안 형사절차의 진행은 중지해두었습니다.

#3

"피고인, 피해자 당사자들뿐 아니라, 양쪽 부모님 각각의 감정을 잘 살펴서 섬세하게 다루며 예민하게 접근해야 하고, 각각 사전 세션을 충분히 진행해야 할 것 같습니다."

회의를 진행하는 서팀장은 긴장으로 얼굴이 상기되었습니다.

'대화와 분쟁해결 센터'의 사건관리팀을 맡고 있는 서팀장은 최근 법원으로부터 연계된 한 사건 때문에 특별한 팀을 구성했거든요. 조정가 두 사람뿐 아니라, 상담가, 사회복지사, 정신과 의사, 그리고 변호사로 이루어진 팀입니다. 그 첫 팀 회의를 열어서, 앞으로 진행할 프로세스를 함께 설계해보고 주의할 점들이나 그 밖의 챙겨야 할 것들을 체크하는 중이었어요.

우성이와 진희는 둘 다 지적 장애가 있는 같은 반 친구 사이로 고등학교를 졸업해 지금은 스무 살인 상태였어요. 고등학교 한 반일 때부터 둘이 사귀었는데, 양쪽 부모님도 그 사실을 알고는 있었죠.
어느 날 둘이 진희네 집에서 함께 있다가, 우성이와 진희 사이에 성행위가 있었는데, 그에 대하여 후일 진희와 그 부모는 우성이를 성범죄로 고소를 하고, 수사 결과 우성이는 성범죄로 기소가 됩니다.
우성이는 진희가 당시 "하지 마!"라고 했던 말을 듣긴 했지만 원래 여자들은 그런 말을 하는 거라고 생각했고, 우성이 부모는 사귀는 아이들끼리 있을 수 있는 일인데 우성이나 진희가 둘 다 지적 장애가 있다보니 진희가 오해를 했을 거라고 믿었습니다. 수사와 재판이 고통스럽게 이어지자, 우성이 부모는 내 자식은 잘못이 없는데 진희네 부모가 우성이를 모함해서 돈이라도 받아내려 하는가, 분을 내기까지 하였구요. 그러한 우성이와 우성이 부모의 태도로 인해 진희나 진희 부모는 더욱 상처를 받았습니다.

1심 재판에서 우성이에게 징역 3년의 유죄 판결이 내려지고, 판결문을 받아보고 나서야 비로소 우성이나 우성이 부모는 무조건 우성이에게 잘못이 없다고 할 일이 아니라는 사실을 깨닫게 됩니다. 단지 무거운 양형을 줄여보고자 하는 생각이 아니라, 판결문 이유를 읽어보니 당시 행위가 분명히 범죄에 해당한다는 사실을 알게 되고 뉘우치게 되었거든요. 항소심이 진행되자, 우성이 부모는 국선변호인을 통해 재판부에 피고인인 우성이가 지적 장애가 있다는 점을 감안해서 뒤늦게라도 사과할 마음을 내는 것에 대해 기회를 주실 것과 그로써 우성이와 피해자 진희는 물론, 서로간의 비난으로 상처와 고통을 입은 양 부모들 사이에 회복적 사법 프로세스를 거칠 수 있는 기회를 주실 것을 요청했습니다.

다행히 피해자 진희 측에서도 그 뜻을 받아들여, 항소심 재판은 중지해두고, 재판부의 의뢰로 관할 지역 내에 있는 '대화와 분쟁해결 센터'에 연계가 되어 서팀장이 이 사건을 관리하게 된 것이었어요. 서팀장은 이 특별한 사건을 위해 특별한 팀을 꾸려서 어떻게 회복적 사법 프로세스를 두 당사자와 양 부모 사이에서 성공적으로 이루어낼 수 있을까 의논 중인 거죠.

자, 여러분, 이 세 장면을 어떻게 보셨나요? 생소하시다구요? 네, 그러면 맞게 보신 겁니다. 모두 제 상상 속에서 나온 이야기들이니까요.

우리 현실에는 이러한 제도나 절차가 있지 않아요. 장면1의 '지역분쟁조정센터'나 장면2의 '통합형사조정센터', 장면3의 '대화와 분쟁해결 센터' 모두 제가 한번 지어내본 이름들이에요.

하지만 이 상상 속 기관들의 성격은 모두, 지역 내에 거주민들의 생활과 밀착하여 존재하면서 경찰 단계든(경찰 전前 단계도), 검찰 단계든, 법원 단계든(1심이든 항소심이든), 형사절차의 어느 단계에서도 필요한 경우 이용할 수 있고, 전문적 역량을 갖춘 회복적 사법 프로세스 진행가들이 있으며, 관련 분쟁을 함께 처리할 수 있는 통합적인 형사조정기관으로 회복적 사법의 가치에 입각한 접근을 한다는 거죠.

이러한 지역기반의 통합적인 형사조정센터가 있다면, 그런 센터를 형사절차의 어떤 단계에서든 이용할 수 있는 제도가 마련된다면, 그러한 프로세스에서 역량 있는 전문가에 의해 회복적 사법의 관점이 적정하고 바람직한 결과를 낼 수 있다면 어떨까요, 여러분?

어떤 점이 유익하고 어떤 점이 문제가 될까요? 기대되는 것과 걱정되는 것은 무엇이 있나요? 이런 꿈을 꾸어보는 것이 장차 더 평화로운 사회로 가까이 가는 데에 조금이나마 도움이 될 수는 있을까요?

27

응보사법과
회복적 사법

회복적 사법의 아버지라 불리는 하워드 제어는 《회복적 정의 실현을 위한 사법의 이념과 실천》에서, 먼 미래에 언젠가는 아마도 사법에 대한 모든 접근방식들이 회복 지향적으로 될 날이 올 수 있겠지만, 가까운 장래에 실현 가능성이 높은 것은 회복적 사법이 기본 규범이 되고 현행 형사사법제도가 예비적이거나 대안적 역할을 하게 하는 것이라는 생각을 밝힌 바 있습니다.[1]

무슨 말인지 감이 잘 안 오신다구요?

네, 아마 그러실 겁니다. 왜냐하면 우리나라는 아직 회복적 사법이 도입도 제대로 안 되고 있는 단계에 있기 때문에 형사사법이라고 하면 전통적인 응보사법을 전제로 생각이 전개되실 텐데, 장차 '완전히 회복적 사법으로 된다'거나 그 정도는 아니라도 '회복적 사법이 기본이고 현행 형사사법은 예비적이거나 대안적 역할만을 할 뿐이다'라는 발상은 쉽게 생각할 수 있는 범위를 훅 넘어선 영역의 것일 테니까요.

하워드 제어의 위와 같은 생각은 어찌 보면 회복적 사법 Restorative Justice 을 우위에 두고 전통적인 응보사법 Retributive Justice 을 조화시키고자 하는 입장일 수 있습니다만, 이러한 회복적 사법과 응보사법의 관계에 관하여 학자들이나 실천가들 사이에는 이와 같거나 다른 꽤 다양한 견해들이 존재합니다.

양자를 조화나 절충관계가 아니라 대립이나 긴장관계로 보는 견해도 있고, 조화든 대립이든 간에 회복적 사법과 응보사법 중 어느 하나를 우위에 두기도 하고 아니기도 합니다. 또한 하워드 제어의 경우 양자를 조화롭게 보면서도 회복적 사법으로 나아가 먼 장래에는 마치 완전히 대체되어야 할 것처럼 말하는 것으로 보이기도 하는데, 양자를 대립관계로 보는 견해에서도 역시 회복적 사법이 응보사법을 대체해야 한다고 말하는 입장도 있으므로, 결국 양자의 관계를 조화·절충으로 보든 대립·긴장으로 보든 결론적으로는 다르지 않은 것 아닌가 싶기도 합니다.

지난 장에서 지역 내에 거주민들의 생활과 밀착하여 존재하면서 형사절차의 모든 단계, 즉 경찰, 검찰, 법원 등 어느 단계에서든 필요한 경우 이용할 수 있고, 간단한 수준의 합의부터 복잡한 수준의 회복적 사법 프로세스까지 다룰 수 있으며 관련 분쟁도 함께 처리할 수 있는 전문적 역량을 갖춘 어떤 통합적 형사조정기관에 관한 아이디어를 여러분과 함께 나누어보았는데요.

그러면 그와 같은 지역기반 통합 형사조정센터에서의 회복적 사법적 접근(또는 어떤 형태로든 전통적 형사절차에 결합되거나 적용되는 회복적 사법적 접근)과, 전통적 응보사법적 절차에 의하여 진행되는 종래의 형사사법절차에서의 사건의 처리는 서로 어떤 관계가 있는 것일까요.

전자는 무조건 좋은 것이고 후자는 지양해야 하는 걸까요. 하워드 제어의 말처럼 장차 먼 미래에는 전자로만 접근하는 사회가 도래하고 후자는 소멸되어버릴 것이며, 단기적으로는 전자를 기본으로, 후자는 예비적인 역할만 하는 것일까요.

그러한 그림을 그리는 것은 과연 타당할까요. 타당한가, 아닌가는 차치하고 현실적으로 가능한 것일까요. 혹은 현실적 가능성의 문제와 상관없이 당위적으로 추구해야 하는 것일까요. 여러분은 어떤 질문들을 던져보시겠습니까.

저는 학자가 아니고 회복적 사법에 관해 깊이 있는 이론적 연구를 하지도 못해서 이에 관해 깊이 있는 통찰이나 비전을 제시할 수는 없다고 솔직히 고백하고 싶습니다. 그래도 법원에서 재판실무에 종사해온 사람으로서 실제 사건들과 사람들을 매일 겪으며 그 안에서 생생하게 살아 움직이는 가치들을 실제로 접하는 위치에서 여러분들에게 나눌 말씀은 생깁니다.

특히 제가 회복적 사법을 형사재판에 적용하는 시범실시 사업을 하는 과정과, 그 이후 회복적 사법적 요소 혹은 패러다임에 기반해서 관련 재판들을 진행해본 경험에서 느낀 점들이 있는데요.

이에 관한 아래의 내용은, 2018년에 양형연구회 창립기념 심포지엄의 지정토론자로 초대되어 토론문에서 밝힌 바가 있지만, 이 지면을 통해 여러분들께 다시 한번 소개하고 싶습니다.[2]

저는 판사로서 재판을 진행하면서 그 절차, 즉 응보사법적 절차의 본질적 속성을 알 수밖에 없는 위치에 있는데, 거기에 회복적 사법적 요소를 도입 내지 적용하려고 하자, 사건 하나하나, 절차의 과정 하나하나에서 직접 체득하면서 직관적으로 보게 되는 것들이 있습니다.

우선, 회복적 사법은 응보사법이 단단히 자리 잡은 상태를 조건으로 안전하게 구현될 수 있다는 것입니다.

둘째, 회복적 사법이 아무리 잘된다 해도 응보사법을 밀어내거나 대체할 수 없으며 그럴 이유나 필요도 없다는 것입니다.

셋째, 응보사법은 결국 제대로 구현된 회복적 사법에 의해 완성된다는 것입니다.

다시 말해서, 응보사법과 회복적 사법은 수레의 양축처럼 양자가 모두 있어야 하고, 각각 단단히 서야 다른 하나도 단단히 설 수 있으며 형사사법이라는 수레를 제 기능대로 굴러가게 할 수 있다고 보게 되었습니다.

이게 무슨 말인지, 좀 더 자세히 말씀드려보겠습니다.

응보사법은 단지 범죄가 야기한 피해자의 고통을 가해자에게 형벌이라는 고통으로 되갚기만 하는 절차가 아닙니다.

국가에 의해 정립된 응보사법의 핵심은 이 두 가지라고 봅니다. 하나는 고통의 형벌로 되갚는 야만이 아니라 책임원칙, 즉 '눈에도 목숨 이에도 목숨'이 아니라, '눈에는 눈 이에는 이'라는 '피해만큼, 행위만큼만' 책임을 지우는 원칙을 확립한 것입니다. 그리고 다른 하나는 그 책임의 여부나 크기를 밝혀가는 과정에서 인권침해가 없도록 적법절차를 세워온 것입니다.

피고인의 인권이 보장되는 적법한 절차에 의한 사실의 확정 및 책임원칙에 따른 엄정한 양형이 안정적으로 수행되는 응보적 형사절차의 확립, 이 자체는 회복적 사법이 도입되든 아니든 결코 포기될 수 없는 중요한 형사사법절차의 원칙과 가치입니다.

그뿐만이 아닙니다. 응보적 형사 절차가 제대로 갖추어지지 않은 조건이라면 피고인의 입장에서 응보적 형사책임을 회피할 우회적 수단을 모색할 것이고 실제로 그에 성공할 가능성이 높아지므로, 굳이 피해자와의 관계에서 회복적 사법을 따라 더 나아간 책임을 직면하고 떠안을 아무런 이유가 없습니다.[3]

한편 적법절차와 책임원칙이 무너질 수 있는 불안정한 조건하에서의 회복적 사법의 적용은, 자칫 피고인의 인권침해로 이어지거나, 피해자가 참여자 지위를 넘어서서 절차를 주도하고 휘두를 위험이 있고 그 결과 종래 형사재판에 의해서라면 국가도 지우지 못할 수준의 과도한 부담이나 처분을 피고인에게 강요하려 할 수도 있는 것입니다.

그러한 의미에서 응보사법의 확립이야말로, 회복적 사법이 가능한 조건이자 회복적 사법이 성공할 수 있는 조건이라는 것이지요.

나아가 응보사법의 확립하에서 회복적 사법을 성공적으로 구현하는 것은, 피고인이 피해자에 대하여 종래의 형사책임만으로는 달성할 수 없었던 수준에서 질적으로 더 나아간 책임을 실현시킬 수 있는 중요한 요소들, 즉 금전적 배상 등은 물론 정서적, 관계적 회복 등을 포함한 실질적 피해회복을 가능하게 할 것입니다. 결국 이는 응보사법의 핵심인 '책임'을 더 높은 차원으로 완성시키는 것이라 할 수 있겠지요.

위와 같은 견지에서는, 회복적 사법이 응보사법을 대체하지 않습니다.

양자가 분리되어 있지도 아니합니다.

각각 굳건한 영역이 있습니다만 서로가 조건이 되거나 서로를 완성시킵니다.

먼 미래에 인류가 완전히 다른 차원으로 진화하여 사회 내에서의 인간의 행동 양식을 형벌에 의하여 통제할 필요가 없어지는 때가 올는지는 모르겠습니다만, 현재까지 인간 역사가 구축해온 사회 유지 시스템은 이와 같은 응보 및 용서(회복)를 기반으로 생존해왔다고 보입니다.

응보가 야만이 아니고 용서가 도덕이 아니라, 응보와 용서(회복) 양자 모두가 인간 사회 유지에 필요한^{needs} 도구적 요소이자 더 많은 개인이 안전하게 살아남을 인간협력관계의 조건이 아닐까요.

함께 써나갈 이야기들

2017년 12월 1일에 〈임수희 판사와 함께 나누는 '회복적 사법 이야기'〉 첫 회가 나간 지 어느덧 2년이 지났습니다. 하나씩 하나씩 써나간 글이 어느새 스물일곱 개나 쌓이는 동안 단지 시간만 흘러갔던 것은 아니었습니다.

그 사이 한국 사회 내에서는 회복적 사법 또는 회복적 정의 운동의 긍정적이고도 고무적인 변화가 일어났습니다.

학교 현장에서는 학교폭력 문제에 적절히 대응하기 위한 것은 물론 학교폭력이 발생하지 않도록 예방하고 아이들 사이에 평소 대화를 통해 평화롭게 갈등을 해결하기 위한 '회복적 생활교육Restorative Discipline'이 도입되어 활성화되고, 선생님들, 학부모들, 그리고 교육청 행정가들, 나아가 학교전담경찰관들까지 회복적 정의의 가치에 기반한 접근과 해법의 탐색, 이를 위한 프로그램의 마련과 다양한 교육·훈련을 분주히 시도하는 곳이 점점 늘고 있습니다.

우리 사회 내에서 회복적 정의 운동은 다양한 방식으로 곳곳에 뿌리를 내리면서, 도시 전체의 생태계를 회복적으로 만들고자 하는 '회복적 도시Restorative City'에 관한 실험이 부천, 세종, 남양주, 김해, 계룡 등 여러 곳에서 이루어지고 있습니다.

건설회사가 신축·분양하는 것이 아니라 마을주민들이 협동조합을 이루어 '회복적 아파트' 건립을 계획하고 건축하는 곳도 생겼습니다. 회복적 정의의 가치에 기반하여 향후 입주민들간의 갈등과 분쟁을 평화적으로 해결해나갈 수 있는 회복적 마을공동체를 수립해가기 위한 회복적 아파트가 만들어지고 있다는 소식을 들었을 때는 정말 깜짝 놀랐습니다. 회복적 사법의 가치가 삶의 곳곳에 참으로 다양한 방식으로 뿌리내리며 희망이 되어줄 수 있는 상당한 잠재력이 있는 것이라는 환희의 놀라움이었죠.

비폭력평화물결, 한국비폭력대화센터, 사단법인 갈등해결과대화, 한국평화교육훈련원, 한국갈등관리조정연구소 등에서는 전문적으로 조정가mediator, 서클 진행자나 대화 모임 진행자 등의 전문진행자facilitator를 양성하는 교육·훈련 프로그램들이 꾸준히 실시되고 있고 점점 다양하고 깊이 있는 교육·훈련 프로그램들이 새롭게 제시되고 있다는 소식도 계속 듣습니다. 저같이 형사사법절차 중의 한 단계에서 실무를 하는 사람도 가서 회복적 대화 모임 진행의 스킬을 좀 더 잘 배워보고 싶다는 마음마저 가끔 들곤 합니다.

그렇게 배출된 조정가 또는 서클이나 대화 모임의 전문진행자 등 회복적 사법 전문가^{facilitator}들이 점차 늘어나면서, 그분들이 지역사회 곳곳에서 다양하게 활동하고 있다는 소식 또한 들립니다. 종래의 검찰 형사조정위원이나 법원 조정위원 또는 화해권고위원뿐만 아니라, 지역 내 이웃 간 갈등에 관하여 자율적으로 마을 분쟁을 해결할 수 있도록 지방자체단체에서 마련한 '주민자율조정가', '마을갈등조정단' 등 다양한 형태로 지역사회 내 대화 도우미, 평화 지킴이 역할들을 하고 있다는 소식은 정말 반갑기 그지없습니다.

검찰에서는 회복적 사법의 가치에 충실한 양질의 형사조정이 될 수 있도록 공들여 형사조정위원들에게 교육과 훈련을 실시하고 있다는 얘기가 꾸준히 들립니다. 해마다 훌륭한 강사진과 좋은 교재로 형사조정위원 워크숍 등 프로그램을 정성스레 해가며 형사조정의 내실을 회복적 사법의 가치로 채우려고 애쓰고 있다고 합니다.

주목할 만한 변화 중 하나로 2019년 들어서 경찰에서 공식적으로 시도하고 있는 '회복적 경찰활동^{Restorative Policing}'을 빼놓을 수가 없습니다.[1] 지역사회 내에서 범죄를 예방하고 범죄 발생 초기에 회복적 개입을 할 수 있는 '경찰 단계의 회복적 사법'은 반드시 필요하고 또 가장 효과적일 수 있는 것이므로, 우리나라 경찰이 이러한 노력을 하고 있다는 것은 매우 기쁜 소식이 아닐 수 없습니다. 회복적 경찰활동은 아직 시범실시사업을 하는 수준이지만, 그 성과가 잘 정리되어 제도화의 초석이 되면 좋겠다는 희망을 가져봅니다. 아마도 좋은 결과를 낸 사건에서는 피해자, 가해자, 그리고 관련자들 모두의 만족도가 높고 회복적 사법에 대해 긍정적 인식을 갖게 될 것입니다. 또한 그 절차를 주관한 경찰들은 회복적 사법의 가치를 이론이 아니라 현장에서 직접 몸으로 느끼며 확인하고서 향후 형사사건을 바라보는 관점이 회복적으로 변화하는 경험을 하게 될 것이라 기대합니다. 저처럼 말이지요.

이런 얘기를 할 때면 사실 좀 머쓱하고 저 스스로 어디 숨고 싶은 듯 작아지는 느낌이 드는데요. '그러면 법원에서는 회복적 사법을 재판에 적용하기 위한 제도적 노력을 하고 있느냐, 무엇을 하고 있느냐' 하는 질문이 제 안에 메아리쳐 들리기 때문입니다. 사실 몇몇 판사들이 개별적으로 재판에서 시도해보고 있는 것 외에 별로 가시적으로 드러나는 노력은 없다고 할 수 있지요. 법원 전체적인 차원의 조직적 노력은 없다고 말할 수밖에 없으니 부끄럽기 그지없습니다.

법원에서는 소년보호절차의 화해권고제도 외에 아직 이렇다 할 회복적 사법 제도나 절차가 마련된 것이 없는데, 그마저도 현재는 학교폭력예방 및 대책에 관한 법률상의 학교폭력 처리절차 때문에 잘 활성화되지 않고 있어요. 그 외에 재판 단계에서의 회복적 사법 제도나 절차를 마련하기 위한 노력이나 별다른 성과는 잘 보이지 않는 형편입니다.

사실 법원은 입법기관이 아니기에 스스로 법을 만들 수도,

제도를 창설할 수도 없는 기관이지요. 그러나 법원은 판결의 최종 선고 단계에 있는 당사자들 사이에 회복적 사법의 필요성이 가장 절실하게 요동치는 생생한 현장이므로, 그러한 현장의 요청을 적극적으로 입법 권한자들에게 전달하고 회복적 사법의 재판 적용 필요성을 정책 결정자들에게 역설하는 등 그 실현을 위한 제도를 마련하는 데 노력을 기울여야 합니다.

한편으로 이는 사법신뢰로 연결될 수 있다고 봅니다. 법원이 작금의 사법불신을 극복하여 국민의 신뢰를 되찾고 다시 쌓아갈 수 있는 하나의 좋은 통로가 바로 회복적 사법 제도화의 모색이 아닐까 생각하기 때문입니다. 아마도 회복적 사법의 도입은 꼭 법원뿐만 아니라, 경찰, 검찰, 그 외에 모든 사법절차 관여기관이 국민으로부터 신뢰를 회복할 수 있는 기회가 될 것입니다.

여러분과 함께 나누었던 회복적 사법 이야기가 '벌써'가 아니라 어찌 보면 '이제 고작' 스물일곱 개가 쌓였을 뿐입니다. 아직 해야 할 회복적 사법 이야기가 너무 많으니까요. 학교폭력과 학교 현장에서의 회복적 사법 이야기, 소년보호절차에서의 회복적 사법 이야기, 소년원과 교도소, 교정기관에서의 회복적 사법 이야기, 앞에서 말씀드렸던 회복적 도시와 아파트 이야기, 그리고 회복적 정의를 위해 가치를 나누고 꾸준한 실천을 하는 회복적 정의 활동을 하시는 고마운 분들, 그 전문가들의 뜨거운 이야기, 그리고 우리들 사이에 대화 속에서 실제로 일어나는 치유와 이해, 사과와 용서, 화해, 평화, 그

회복의 이야기들.

기회가 되면 계속해서 여러분과 이 이야기들을 가지고 만나고 싶습니다.

그 위에 희망을 하나 더 얹어보자면, 그 이야기들이 앞으로는 제가 혼자 쓰는 이야기가 아니라, 여러분의 삶 속에서, 여러분의 가족과 친구와 이웃과 함께 매일매일의 생활에서 여러분이 스스로 써나가는 이야기가 되었으면 합니다.

여러분들과 함께 쓸 그 수많은 회복적 이야기들이 수천 개, 수만 개, 수백만 개가 모이고 쌓여가면서 우리의 공동체가 좀 더 안전하고 평화롭고, 그래서 즐겁고 행복하게 살 수 있고 함께 살고 싶은 그런 곳으로 변화해 나갈 수 있기를 진심으로 기원해봅니다.

프롤로그

1 이것의 극복과 관련해서는 다음을 참고하시기 바랍니다. 정승원, 〈미래를 여는 우리나라 가정법원의 역할과 전망: 한국형 가정법원 모델의 정착을 위한 제안〉,《가정법원 50주년 기념논문집》, 서울가정법원, 2014, 853~902쪽.

2 그 워크숍 외에도 제가 회복적 사법을 접한 계기가 있었습니다. 저는 참석하지 못하였지만 2011년도에 열린 '형사사법제도 개선을 위한 법관세미나'의 중요한 주제 가운데 하나가 회복적 사법이어서 그 세미나 자료를 통해서도 알게 되었습니다. 당시 서강대 법학전문대학원 이호중 교수님이 '회복적 사법의 이념과 실무'를 강의했고, 법원 내 판사들의 회복적 사법 연구조에서 '형사재판에서의 형사화해 조정제도 제안'이라는 주제로 발표 및 토론 등이 있었습니다. 당시 강의 내용을 엿볼 수 있는 논문은 다음과 같습니다. 이호중, 〈회복적 사법의 대두와 형사법: 한국의 형사사법과 회복적 사법: 과거, 현재, 그리고 미래〉,《형사법연구》제19권 제3호(상), 한국형사법학회, 2007, 297~338쪽.

3 백서의 형태로 그 결과를 정리한 보고서는 다음과 같습니다.《부천지

원 형사재판 회복적 사법 시범실시 종합평가 합동포럼: 형사재판절차
에의 회복적 사법 도입에 관한 논의》, 인천지방법원 부천지원, 2014.

1부 | 회복적 사법이 소환되다

1   당시 법 규정으로는 폭력행위 등 처벌에 관한 법률(2014. 12. 30. 법
률 제12896호로 개정되기 전의 것) 제2조 제2항, 제1항 제3호, 형법
제257조 제1항, 현행 규정으로는 폭력행위 등 처벌에 관한 법률 제2
조 제2항 3호, 형법 제257조 제1항.

2   형법은 '제2절 형의 양정'하에, 제51조(양형의 조건) "형을 정함에 있
어서는 다음 사항을 참작하여야 한다. 1. 범인의 연령, 성행, 지능과
환경, 2. 피해자에 대한 관계, 3. 범행의 동기, 수단과 결과, 4. 범행 후
의 정황"이라고 정하고 이하 제58조까지 형의 양정에 관한 사항을 규
정하고 있습니다.

3   양형기준은 법관이 형종을 선택하고 형량을 정함에 있어 참고하여야
하지만, 법적 구속력은 갖지 않는 권고적 기준에 해당됩니다(법원조
직법 제81조의7 제1항 단서). 다만 법관은 양형 과정에서 양형기준을
존중하여야 하며, 양형기준을 벗어난 판결을 하는 경우에는 판결서에
양형의 이유를 기재하도록 되어 있습니다(법원조직법 제81조의7 제1
항 본문, 제2항 본문).

4   양형위원회 홈페이지는 '양형위원회', '양형기준' 등의 검색어로 쉽
게 찾을 수 있습니다. 양형위원회 홈페이지 주소는 다음과 같습니다.
http://sc.scourt.go.kr/sc/krsc/main/Main.work.

5   https://sc.scourt.go.kr/sc/krsc/criterion/criterion_47/violence_01.
jsp.

6   형사재판절차는 이렇습니다. 1. 모두 절차[진술거부권 고지 → 인정
신문 → 검사 모두 진술(공소요지 진술) → 피고인 모두 진술(공소사
실에 대한 의견)] 2. 증거조사 절차(자백 사건에서 간이공판절차로
진행되는 경우는 증거조사를 상당한 방법으로 증거능력의 제한을 완

화함) 3. 피고인신문 4. 검사 및 피고인 각 최후진술 5. 변론종결 6. 판결선고.

7 회복적 사법의 아버지라고 불리는 하워드 제어는, 응보적 사법하에서는 범죄가 법 위반과 유죄로 정의되는 국가에 대한 침해로 이해되지만, 회복적 사법하에서 범죄는 사람과 관계에 대한 침해로 이해된다고 합니다. 하워드 제어, 《회복적 정의란 무엇인가》, 손진 옮김, KAP, 2010, 206~212쪽 참조[Howard Zehr, *Changing Lenses*, Herald Press, 2005].

8 민법 제837조(이혼과 자의 양육책임)
① 당사자는 그 자의 양육에 관한 사항을 협의에 의하여 정한다.
② 제1항의 협의는 다음의 사항을 포함하여야 한다.
1. 양육자의 결정
2. 양육비용의 부담
3. 면접교섭권의 행사 여부 및 그 방법
③ 제1항에 따른 협의가 자의 복리에 반하는 경우에는 가정법원은 보정을 명하거나 직권으로 그 자의 의사·연령과 부모의 재산상황, 그 밖의 사정을 참작하여 양육에 필요한 사항을 정한다.
④ 양육에 관한 사항의 협의가 이루어지지 아니하거나 협의할 수 없는 때에는 가정법원은 직권으로 또는 당사자의 청구에 따라 이에 관하여 결정한다. 이 경우 가정법원은 제3항의 사정을 참작하여야 한다.
⑤ 가정법원은 자의 복리를 위하여 필요하다고 인정하는 경우에는 부·모·자 및 검사의 청구 또는 직권으로 자의 양육에 관한 사항을 변경하거나 다른 적당한 처분을 할 수 있다.
⑥ 제3항부터 제5항까지의 규정은 양육에 관한 사항 외에는 부모의 권리의무에 변경을 가져오지 아니한다.
제837조의2(면접교섭권)
① 자를 직접 양육하지 아니하는 부모의 일방과 자는 상호 면접교섭할 수 있는 권리를 가진다.
② 자를 직접 양육하지 아니하는 부모 일방의 직계존속은 그 부모 일방이 사망하였거나 질병, 외국거주, 그 밖에 불가피한 사정으로 자를

면접교섭할 수 없는 경우 가정법원에 자와의 면접교섭을 청구할 수 있다. 이 경우 가정법원은 자의 의사, 면접교섭을 청구한 사람과 자의 관계, 청구의 동기, 그 밖의 사정을 참작하여야 한다.

③ 가정법원은 자의 복리를 위하여 필요한 때에는 당사자의 청구 또는 직권에 의하여 면접교섭을 제한·배제·변경할 수 있다.

9 부부 중 일방이 원고가 되어 상대방에게 이혼을 청구하는 소송을 제기하는 경우, 종종 그 상대방은 자신이 반소원고가 되어 본소원고를 반소피고로 삼아 도리어 본소원고의 귀책사유로 인해 자신에게 이혼청구권이 발생한다고 주장하면서 이혼을 청구하기도 합니다. 이로써 부부 쌍방이 서로 상대방에 대하여 이혼청구권을 행사하게 되는 것이지요.

10 형사재판절차에 부대하여 피해금에 대한 배상을 신청하는 '배상명령 제도'가 있기는 합니다. 소송촉진 등에 관한 특례법 제25조 이하에서 규정하고 있는데, 제1심 또는 제2심의 형사공판 절차에서 일정한 범죄에 관하여 유죄 판결을 선고할 경우에 법원이 직권 또는 피해자 등의 신청에 따라 범죄행위로 인하여 발생한 직접적인 물적 피해와 치료비, 위자료의 배상을 명할 수 있는 제도입니다. 확정된 배상명령이 기재된 유죄 판결문의 정본은 강제집행력 있는 민사 판결 정본과 동일한 효력을 가집니다. 피해자가 별도의 민사소송을 거치지 않고도 이미 계속 중인 형사재판절차에서 간편하게 집행권원을 얻을 수 있도록 한 것입니다.

그런데 실제로는 형사재판에서 직권으로 배상명령을 하는 경우는 거의 없고, 신청에 의한 경우도 현재 배상명령신청의 인용률은 30~40퍼센트 선에 그치고 있으며, 상당수는 피해금액이 특정되지 않거나 배상책임의 유무 또는 범위가 명백하지 아니하다는 이유 등으로 각하되고 있는 것이 현실입니다. 결국 배상명령은 배상책임의 유무와 범위가 명백한 제한적인 경우에만 이용 가능하고, 그나마도 단지 집행력을 손쉽게 부여해주기 위한 것일 뿐이기 때문에 실제 집행 가능성이나 배상 가능성이 있는지는 의문인 경우가 많습니다. 배상책임범위가 명확한 피고인들의 경우에 이미 아무런 자력이 없어서 배상명령이 무의미한 경우가 많고, 그 배상명령 액수마저도 피해자가 실감하는 실제 피해규모와는 달라서 피해자를 만족시키지 못하는 경우가 많습니다.

이와 관련하여 참고할 만한 논문은 다음과 같습니다. 김정우·고은주, 〈피해자를 위한 바람직한 배상명령제도에 관한 연구〉,《형사정책연구》제25권 제1호, 2014, 143~174쪽, 한국형사정책연구원.

11 국가 사법 시스템이 민사사법과 형사사법의 구분된 시스템으로 나뉘는 것, 각 특징, 그리고 회복적 사법, 이러한 국가 사법제도의 강점과 결함에 관해서는 다음 책이 참고가 됩니다. 재레드 다이아몬드,《어제까지의 세계》, 강주헌 옮김, 김영사, 2013, 148~177쪽. 회복적 사법에 관한 이해에 도움이 되는 이 책의 1부 및 2부의 일독을 권합니다.

12 "형사소송법은 피고사건에 대한 실체심리가 공개된 법정에서 검사와 피고인 양 당사자의 공격·방어활동에 의하여 행해질 것을 요구하는 당사자주의와 공판중심주의 원칙 및 공소사실의 인정은 법관의 면전에서 직접 조사한 증거만을 기초로 이루어져야 한다는 직접심리주의와 증거재판주의 원칙 등을 채택하고 있다. 공판중심주의의 한 요소인 실질적 직접심리주의는 법관의 면전에서 직접 조사한 증거만을 재판의 기초로 삼을 수 있고 증명 대상이 되는 사실과 가장 가까운 원본 증거를 재판의 기초로 삼아야 하며 원본 증거의 대체물 사용은 원칙적으로 허용되어서는 안 된다는 원칙이다"(대법원 2019. 3. 21. 선고 2017도16593-1 전원합의체 판결 등 참조).

13 "형사소송법 제310조의2는 '제311조 내지 제316조에 규정한 것 이외에는 공판준비 또는 공판기일에서의 진술에 대신하여 진술을 기재한 서류나 공판준비 또는 공판기일 외에서의 타인의 진술을 내용으로 하는 진술은 이를 증거로 할 수 없다.'고 규정하고 있는바, 이는 사실을 직접 경험한 사람의 진술이 법정에 직접 제출되어야 하고 이에 갈음하는 대체물인 진술 또는 서류가 제출되어서는 안 된다는 이른바 전문법칙을 선언한 것이다"(대법원 2008. 11. 13. 선고 2006도2556 판결 등 참조).

14 형사소송법 제301조(공판절차의 갱신)
공판개정 후 판사의 경질이 있는 때에는 공판절차를 갱신하여야 한다. 단, 판결의 선고만을 하는 경우에는 예외로 한다.

15 예컨대 미국의 경우 유·무죄를 가리는 사실인정절차와 유죄인 경우 양형을 정하는 양형심리절차가 단계적으로 분리되어 있습니다. 이러한 경우 피고인은 우선 유·무죄를 집중하여 다투고, 추후 유죄가 확정되면 다시 양형요소들에 대해 유리한 주장과 자료를 제출할 수 있습니다.

반면에 우리나라는 유·무죄의 양형이 단일한 절차에서 한꺼번에 심리됩니다. 이러한 경우 만일 피고인이 무죄를 주장하고자 할 때, 그러면서도 혹시 유죄로 판단될 때를 대비한 피해회복 등의 노력을 하고자 한다면, 무죄인데 왜 피해배상을 하고자 하는가, 라는 딜레마에 빠질 수가 있습니다. 법원으로서도 피고인이 무죄를 주장하는 경우 추후 법원이 유죄로 판단하게 될 경우를 대비하여 양형심리도 해두고자 하더라도, 피고인으로부터 왜 재판부가 유죄의 예단을 가지고 재판을 하느냐는 비난에 직면할 수 있으므로, 양형심리를 적극적으로 하기가 어려운 측면이 있습니다. 따라서 유·무죄의 다툼에 심리가 집중된 사건에서는 양형심리가 적극적이고 구체적으로 이루어지기 어려운 한계가 존재한다고 말할 수 있겠습니다.

16 이와 같은 양형심리가 적극적이고도 구체적으로 이루어질 필요가 있고, 이를 위해서 법원은 피해자를 양형증인으로 채택하여 신문하거나 진술 기회를 주고 의견을 들을 필요가 있습니다. 그 밖에 양형조사관 제도 또는 보호관찰관에 의한 판결전 조사제도 등을 양형심리에 활용할 수 있습니다.

17 '증거방법'이라는 것은 증거조사의 대상이 되는 유형물 그 자체를 말하는데, 증인, 감정인 등 인증(人證)과 문서, 검증물 등 물증(物證)이 있습니다. 증인은 '증거방법'이 되고, 증인이 진술한 증언은 '증거자료'라고 합니다.

18 피해자가 피해를 호소하고 직접 진술한다는 데 방점이 있다기보다, 위증의 벌을 받기로 선서하고 한 증언에 의해서만 유죄로 인정될 수 있다는 데 방점이 있습니다.

19 헌법에 의하여 직접적으로 기본권의 범위 또는 제한을 정하는 경우와 달리, 이와 같이 헌법이 법률유보로써 하위규범에 의하여 기본권의 범위 또는 제한을 정하도록 한 경우는, 규범집행을 위해 헌법의 하

위규범에 의하여 더 제한할 수 있다는 의미로 해석할 수 있다고 보기도 합니다. 이에 관하여는 다음의 논문이 참고가 됩니다. 이부하, 〈헌법유보와 법률유보〉,《공법연구》 36집 3호, 한국공법학회, 2008, 201~224쪽.

20 이에 관하여는 다음의 논문들을 참고하시기 바랍니다. 김상민, 〈범죄피해자의 진술권 강화를 위한 형사소송법 개정필요성 연구〉,《형사소송 이론과 실무》 제7권 제2호, 한국형사소송법학회, 2015; 오경식, 〈권리로서의 피해자진술권 확보 방안〉,《피해자학연구》 제24권 제1호, 한국피해자학회, 2016; 이진국, 〈피해자참가제 도입논의에서 피해자의 참가신청에 관한 소고〉,《아주법학》 제10권 제1호, 아주대학교 법학연구소, 2016 등.

2부 | 회복적 사법이 만드는 대화의 광장

1 지그문트 프로이트,《정신분석강의》, 임홍빈, 홍혜경 옮김, 열린책들, 2003(신판), 20쪽 참조.

2 피해가 실제로 있어도 죄형법정주의 원칙상 무죄가 될 수 있고, 또는 증거가 부족하여 무죄가 될 수도 있고, 그밖에 법리적으로 무죄로 결론이 날 수 있는 이유는 다양합니다.

3 C. 오토 샤머·카트린 카우퍼,《본질에서 답을 찾아라》, 엄성수 옮김, 이명호 감수, 티핑포인트, 2014, 6장 참조[Otto Scharmer·Katrin Kaufer, *Leading from the Emerging Future*, Berrett-Koehler Publishers, 2013].

4 좋은교사운동에 관하여는 다음의 홈페이지를 참고하시기 바랍니다. http://www.goodteacher.org.

5 회복적생활교육센터에 관하여는 다음을 참고하시기 바랍니다. http://cafe.daum.net/RD-goodteacher. 좋은교사운동 홈페이지 (http://www.goodteacher.org)에 들어가시면 위 사이트로 연결되는 링크가 있습니다.

회복적 생활교육에 관하여는 다음 책들을 권합니다. 박숙영,《회복적 생활교육을 만나다》, 좋은교사, 2014; 정진,《회복적 생활교육 학급 운영 가이드북》, 피스빌딩, 2016; 로레인 수투츠만 암스투츠·쥬디 H. 뮬렛,《학교현장을 위한 회복적 학생생활교육》, 이재영·정용진 옮김, 대장간, 2017.

6   사단법인 갈등해결과대화에 관하여는 다음의 홈페이지를 참고하시기 바랍니다. http://crnd.or.kr.

7   회복적정의 평화배움연구소 에듀피스에 관하여는 다음의 홈페이지를 참고하시기 바랍니다. http://www.edupeace.net.

8   사단법인 한국회복적정의협회에 관하여는 다음의 홈페이지를 참고하시기 바랍니다. http://www.karj.org.

9   하워드 제어는 "사물이 있어야 하는 대로 있는 '올바름'의 상태"를 의미하는 '샬롬'이라는 말의 함의에서 회복적 정의의 기초에 관한 성서적 발견을 하고 있습니다. 이에 관하여는 다음을 참고하시기 바랍니다. 하워드 제어,《회복적 정의란 무엇인가》, 손진 옮김, KAP, 2010, 제8장[Howard Zehr, *Changing Lenses*, Herald Press, 2005].

10 비폭력평화물결은 국제평화단체인 Nonviolent Peaceforce International(NPI)의 한국 지역 모임으로 아래 홈페이지를 참고하시기 바랍니다. http://peacewave.net.

11 facilitator는 번역하는 말이 다양한데, 저는 이 책에서 경우에 따라 전문진행자, 진행자, 절차조력인 등으로 사용했습니다.

12 회복적 서클에 대해 더 알고 싶은 분들에게는 다음 책들을 권합니다. 박성용,《회복적 서클 가이드북》, 대장간, 2018; 케이 프라니스,《서클 프로세스》, 강영실 옮김, KAP, 2014.

3부 | 경찰과 회복적 사법

1   김문귀,〈경찰에 의한 회복적 사법의 실천사례와 의의-강원지방경찰청의 '너와 함께(With You) 프로그램'-〉,《법학연구》제23권 제4호, 한국법학회, 2015, 23~48쪽 참조.

2 즉, 경찰은 수사기관이기 때문에 피의자인 가해자, 참고인인 피해자를 소환하여 진실을 발견하기 위한 질문으로써 신문(訊問)을 합니다. 원래 경찰은 가해자나 피해자를 각각 불러, 또는 대질시키며 신문을 위해 질문을 하는 기관인 것이지요. 그런데 회복적 서클 진행자 역할을 하는 경찰은 피해자와 가해자 사이의 대화를 연결시키기 위해 피해자와 가해자 모두 있는 자리에서 피해자에게 또는 가해자에게 역시 질문을 한다고 합니다. 그렇다면 원래 수사기관인 경찰이 회복적 서클 안에서, 의도는 다르지만 형식은 같은 '질문'이라는 행위를 할 때 피해자와 가해자 사이의 대화의 연결을 위한 목적 외에 혹시라도 사실을 탐색하고자 하는, 원래 수사기관으로서의 정체성에 의한 추동이 발현될 수 있지 않겠는가 하는 것입니다. 진실을 탐색하기 위해 질문하는 수사기관으로서의 역할과 진실과 무관하게 단지 피해자와 가해자 서로 간의 대화를 연결시키기 위한 서클 진행자로서의 역할이 기능적으로 충돌하고 갈등할 가능성이 있을 수 있다는 것입니다. 이러한 역할갈등은 단지 경찰만이 겪을 수 있는 것이 아닙니다. 다른 단계의 사법기관, 즉 기소기관인 검사, 재판기관인 판사 등도 역시 원래의 사법절차에서의 기능과 역할이 있는데, 그들이 각 절차에서 회복적 프로세스를 주관(진행자를 포함하여)하려고 할 때 나타날 수 있는 현상 내지 해결해야 할 문제 중 하나가 이러한 역할갈등입니다.

3 유엔 사이트에서 다운받아보실 수 있습니다.
https://www.un.org/ruleoflaw/blog/document/basic-principles-on-the-use-of-restorative-justice-programmes-in-criminal-matters/.

4 원문은 다음과 같습니다. "Restorative justice programmes should be generally available at all stages of the criminal justice process."

5 2006년에 발간된 것으로, 한국형사정책연구원에서 번역해놓은 책자(UNODC, 《형사사법 핸드북 : 회복적 사법 프로그램》, 윤옥경 옮김, 한국형사정책연구원, 2009)가 있습니다. 유엔에서 발간한 책자는 다음 사이트에서 파일로 다운받아보실 수 있습니다. https://www.un.org/ruleoflaw/blog/document/handbook-on-restorative-justice-programmes.

6   UNODC, *Handbook on Restorative Justice Programmes*, 2006, p.62. 원문은 다음과 같습니다.

Viable options for police involvement in restorative programmes include:

- Serving as a referral source to restorative programmes;
- Explaining the restorative justice process to victims, offenders and other participants;
- Participating among many others in a community-based process;
- Facilitating restorative justice processes;
- Conducting restorative justice sessions and conferences;
- Using restorative approaches for resolving disputes and conflict at
street level;
- Playing a role in monitoring the execution of restorative agreement and reporting breaches.

7   경찰 단계의 회복적 사법 또는 그 도입에 관한 연구로는, 2016년도에 경찰청에서 한국피해자학회에 정책 연구 용역을 맡겨서 발간된 《회복적 사법 이념의 경찰단계 구현방안》이라는 보고서가 있습니다. 그 밖에도 다음의 논문들을 참고하시면 좋겠습니다. 황태정·김혜정, 〈회복적 사법 이념의 경찰단계 구현방안〉, 《피해자학연구》 제24권 제3호, 한국피해자학회, 2016, 225~246쪽; 김혁, 〈회복적 사법의 이념 구현을 위한 경찰의 경미소년사건처리〉, 《경찰학연구》 제25호, 경찰대학, 2011, 61~85쪽; 김문귀, 〈성인사건의 처리에 있어 경찰단계에서의 형사상 조정제도에 관한 연구〉, 《법학연구》 제17권 제3호, 한국법학회, 2017, 227~264쪽.

저는 이 보고서나 논문들에 제시되는 방식들에 모두 동의하지는 않습니다. 각각 의견도 구구하구요. 그러나 관련 쟁점들이 어떤 것들이 있고 어떤 의견들이 제시되고 있는가를 확인해보고 생각해보는 데에는 큰 의의가 있다고 봅니다. 현재는 제도를 설계해서 만들어내야 하는 단계이기 때문에 향후에 막상 만들어질 모습은 이러한 저술들에서 제안되었던 형태와 매우 달라질 수 있지 않을까 하는 생각이 듭니다. 왜냐하면 단지 경찰 단계만 떼어 놓고 그림을 그릴 수 있는 문제가 아니라, 검찰, 법원, 교정 단계 등 전체 절차를 아우르면서 전체적으로 형사사법 시스템의 절차를 재설계해볼 필요성이 있는 문제라서, 많은 관련자들이나 이해관계인들이 있을 뿐만 아니라 예측하기 힘든 변수들이 너무 많기 때문입니다.

4부 | 검찰과 회복적 사법

1   약식명령이란, 형사소송법 제3장 약식절차(제448조부터 제458조까지) 규정에 따라 공판절차 없이 벌금, 과료 등에 처하는 간이한 형사재판을 말하는데 확정되면 확정판결과 동일한 효력이 있습니다. 일종의 서면 형사재판의 결과물이라고도 할 수 있는데, 검사 또는 피고인은 약식명령의 고지를 받은 날로부터 7일 이내에 정식재판의 청구를 할 수 있고(형사소송법 제453조), 피고인이 정식재판 청구를 한 경우는 약식명령의 형보다 중한 '종류'의 형을 선고하지 못하고 약식명령의 형보다 중한 형을 선고하는 경우에는 판결서에 양형 이유를 적도록 하고 있습니다(형사소송법 제457조의2). 예컨대, 약식명령으로 벌금 100만 원의 형이 발령된 경우 피고인이 정식재판을 청구하면 정식재판(공판)에서 벌금을 징역형 등 중한 종류로는 바꾸지 못하고 다만 벌금 액수를 100만 원에서 더 다액인 형으로 선고할 수는 있는데 그 경우 판결서에 그 이유를 적어주어야 한다는 뜻입니다.
어떤 사건에 대하여 약식 기소를 할 것인가, 정식 공소제기를 할 것인가는 검사에게 그 권한이 있습니다. 다만 법원은 그 사건이 약식명령으로 처리할 수 없거나 적당하지 않다고 인정하는 경우 공판절차에 의하여 심판하도록 공판절차에 회부할 수 있습니다(형사소송법 제450조).
결국 피고인은 약식 기소에 승복하고 벌금 등을 납부하거나, 불복하여 정식재판을 청구한 다음 다툴 수 있습니다. 법원도 직권으로 판단하기에 약식절차로 다루는 것이 적당하지 아니하고 정식 공판절차에 의하여야 할 사건이라고 보는 경우, 공판에 회부할 수 있습니다. 그러나 피해자의 입장에서는 피고인에 대한 형사재판이 약식명령에 의한 벌금 등의 형으로 간이하게 끝나버리는 것에 대해 다툴 방법이 없습니다. 그래서 피해자들은 검찰 단계 및 약식명령 청구에 따른 법원의 서면 심사 단계에서 피고인에 대해 법정에 세워 공판절차를 거쳐 엄벌에 처해달라는 진정서를 내곤 합니다. 물론 이는 검찰이나 법원에 대한 요청에 불과할 뿐 결정 권한은 검찰과 법원에만 있습니다.

2 형사 공탁과 합의에 관하여는 다음을 참고하시기 바랍니다. 김혜정, 〈현행 양형기준상 양형인자로서의 합의(처벌불원)에 관한 제 문제〉, 《사법》 제45호, 사법발전재단, 2018, 3~45쪽.

3 범죄피해자 보호법 제6장 형사조정

제41조(형사조정 회부)

① 검사는 피의자와 범죄피해자(이하 "당사자"라 한다) 사이에 형사분쟁을 공정하고 원만하게 해결하여 범죄피해자가 입은 피해를 실질적으로 회복하는 데 필요하다고 인정하면 당사자의 신청 또는 직권으로 수사 중인 형사사건을 형사조정에 회부할 수 있다.

② 형사조정에 회부할 수 있는 형사사건의 구체적인 범위는 대통령령으로 정한다. 다만, 다음 각 호의 어느 하나에 해당하는 경우에는 형사조정에 회부하여서는 아니 된다.

1. 피의자가 도주하거나 증거를 인멸할 염려가 있는 경우

2. 공소시효의 완성이 임박한 경우

3. 불기소처분의 사유에 해당함이 명백한 경우(다만, 기소유예처분의 사유에 해당하는 경우는 제외한다)

제42조(형사조정위원회)

① 제41조에 따른 형사조정을 담당하기 위하여 각급 지방검찰청 및 지청에 형사조정위원회를 둔다.

② 형사조정위원회는 2명 이상의 형사조정위원으로 구성한다.

③ 형사조정위원은 형사조정에 필요한 법적 지식 등 전문성과 덕망을 갖춘 사람 중에서 관할 지방검찰청 또는 지청의 장이 미리 위촉한다.

④ 「국가공무원법」 제33조 각 호의 어느 하나에 해당하는 사람은 형사조정위원으로 위촉될 수 없다.

⑤ 형사조정위원의 임기는 2년으로 하며, 연임할 수 있다.

⑥ 형사조정위원회의 위원장은 관할 지방검찰청 또는 지청의 장이 형사조정위원 중에서 위촉한다.

⑦ 형사조정위원에게는 예산의 범위에서 법무부령으로 정하는 바에 따라 수당을 지급할 수 있으며, 필요한 경우에는 여비, 일당 및 숙박료를 지급할 수 있다.

⑧ 제1항부터 제7항까지에서 정한 사항 외에 형사조정위원회의 구성과 운영 및 형사조정위원의 임면 등에 관한 사항은 대통령령으로 정한다.

제43조(형사조정의 절차)

① 형사조정위원회는 당사자 사이의 공정하고 원만한 화해와 범죄피해자가 입은 피해의 실질적인 회복을 위하여 노력하여야 한다.

② 형사조정위원회는 형사조정이 회부되면 지체 없이 형사조정 절차를 진행하여야 한다.

③ 형사조정위원회는 필요하다고 인정하면 형사조정의 결과에 이해관계가 있는 사람의 신청 또는 직권으로 이해관계인을 형사조정에 참여하게 할 수 있다.

④ 제1항부터 제3항까지에서 정한 사항 외에 형사조정의 절차에 관한 사항은 대통령령으로 정한다.

제45조(형사조정절차의 종료)

① 형사조정위원회는 조정기일마다 형사조정의 과정을 서면으로 작성하고, 형사조정이 성립되면 그 결과를 서면으로 작성하여야 한다.

② 형사조정위원회는 조정 과정에서 증거위조나 거짓 진술 등의 사유로 명백히 혐의가 없는 것으로 인정하는 경우에는 조정을 중단하고 담당 검사에게 회송하여야 한다.

③ 형사조정위원회는 형사조정 절차가 끝나면 제1항의 서면을 붙여 해당 형사사건을 형사조정에 회부한 검사에게 보내야 한다.

④ 검사는 형사사건을 수사하고 처리할 때 형사조정 결과를 고려할 수 있다. 다만, 형사조정이 성립되지 아니하였다는 사정을 피의자에

게 불리하게 고려하여서는 아니 된다.

⑤ 형사조정의 과정 및 그 결과를 적은 서면의 서식 등에 관한 사항은 법무부령으로 정한다.

4 물론 피의자를 가해자라고 단정할 수 없고 단정해서도 안 됩니다. 피의자 또는 피고인이 가해자라고 확정될 수 있는 시점은 무죄추정의 원칙상 유죄 판결이 확정될 때이기 때문입니다. 그러나 '피의자'라는 용어에 익숙하지 않은 독자를 위해서 '피의자'는 피해자가 아닌 '가해자'(엄밀히 말하면 가해자로 지목된 자)를 말하는 것이라고 설명하기 위해 '피의자(가해자)'라고 표기한 것입니다. 그리고 실제로 피해자가 있는 범죄에서 대부분의 약식명령청구 사건은 자백사건 또는 법률적으로 범죄 성부는 다툴지라도 피해 자체는 인정하는 경우일 수 있으므로 독자의 이해를 돕기 위해 표현의 부정확성을 감수하였음을 부기해둡니다.

5 검사 선서에 관한 규정은 2008. 10. 31. 제정되어 시행되고 있는 대통령령입니다. 이 규정의 '별표', 검사 선서의 내용은 다음과 같습니다. "나는 이 순간 국가와 국민의 부름을 받고 영광스러운 대한민국 검사의 직에 나섭니다. 공익의 대표자로서 정의와 인권을 바로 세우고 범죄로부터 내 이웃과 공동체를 지키라는 막중한 사명을 부여받은 것입니다. 나는 불의의 어둠을 걷어내는 용기 있는 검사, 힘없고 소외된 사람들을 돌보는 따뜻한 검사, 오로지 진실만을 따라가는 공평한 검사, 스스로에게 더 엄격한 바른 검사로서, 처음부터 끝까지 혼신의 힘을 다해 국민을 섬기고 국가에 봉사할 것을 나의 명예를 걸고 굳게 다짐합니다."

6 형사조정제도에 관하여는, 대검찰청에서 발간한 《형사조정의 이론과 실무》라는 책을 참고하시면 좋습니다. 2014년도에 처음 발간되어 2018년도에 증보판이 발행되었습니다.

또한 다음을 참고하시기 바랍니다. 조균석, 〈형사조정제도의 과거, 현재, 미래〉,《피해자학연구》제24권 제1호, 한국피해자학회, 2016, 249~268쪽.

7 형사조정제도의 현황과 개선 등에 관한 심도 깊은 연구로는 다음을 참고하시기 바랍니다. 박미숙·이진국,《형사조정실무의 문제점과 개

선방안》, 한국형사정책연구원, 2016.

8 대검찰청, 〈2018년 전국 형사조정위원 전문교육 자료집〉, 대검찰청, 12쪽.

9 다음의 기사를 참고하시기 바랍니다. 이승윤, 〈형사조정 증가 반영해 예산 편성해야〉, 《법률신문》, 2018년 8월 27일자. https://www.lawtimes.co.kr/Legal-News/Legal-News-View?serial=145957.

5부 | 형사재판과 회복적 사법

1 차의 운전자가 교통사고로 인한 업무상과실 또는 중대한 과실로 인하여 사람을 사망에 이르게 한 경우는, 교통사고처리 특례법 제3조 제1항, 형법 제268조에 따라 "5년 이하의 금고 또는 2천만원 이하의 벌금에 처"하도록 규정되어 있습니다.

2 그뿐만 아니라 우리 헌법재판소도 [특정범죄가중처벌등에관한법률 제6조제7항위헌제청] 사건(헌법재판소 2019. 2. 28. 선고 2016헌가13 전원재판부)에서 "형벌체계상의 균형성 및 평등원칙이란, 죄질과 보호법익 등이 유사한 범죄는 합리적인 범위 내에서 비슷한 법정형으로 처벌되어야 하고, 반대로 행위불법과 결과불법이 다른 범죄에 대해서는 동일하게 평가하여서는 아니 된다는 것을 말한다"라고 설시하는 등 '행위불법'과 '결과불법'이라는 요소를 판단의 1요소로 사용하고 있습니다.

3 당시 〈형사재판에 있어서 회복적 사법 프로세스(시범실시)에 관한 안내문〉은 〈피고인용〉과 〈피해자용〉, 2종류로 나누어 만들어 사용하였는데, 공통된 내용은 아래와 같습니다.

• 회복적 사법이란 처벌적 사법에 의해서는 이루어질 수 없는 범죄로 인한 피해의 실질적 회복과 진정한 책임, 이에 기초하여 손상된 관계의 회복과 지역사회의 평화를 추구합니다.

- 인천지방법원 부천지원에서는 형사재판에 회복적 사법 제도의 도입가능성을 타진하고 바람직한 모델정립을 위하여 전문가 단체와 연계하여 실제 형사재판에서 시범실시사업을 합니다.
- 모든 과정은 중립적이고 전문적으로 훈련된 전문가(facilitator)들이 피고인측 및 피해자측 쌍방과 대화를 하는 것에 의해 진행합니다. 회복적 사법 프로세스는 형사재판과는 철저히 분리해서 진행되고 그 과정 중에 오고 간 대화나 현출된 자료는 향후 형사재판에서 불리한 소송자료로 쓰이지 않습니다.
- 자유로운 의사에 의해 피해자와 피고인이 참여를 원하는 사건에 있어서만 이 절차를 지원합니다. 피해자와 피고인이 부담하는 비용은 없습니다. 인적 물적 비용은 법원과 시범실시 참여기관의 부담하에 진행되고, 향후 시범실시 내용과 결과는 정책자료로 활용되지만, 당사자들의 개인정보와 신상정보는 공개되지 아니하고 개인의 비밀은 철저히 보호됩니다.

그리고, 〈피고인용〉 안내문에는 아래 내용이 포함되어 있습니다.

- **피고인은 이 절차에 참여하면 어떤 이익이 있나요?**
  사건에 관해 피고인이 하고 싶은 이야기, 즉 경찰, 검찰, 법원, 또는 주변 사람들에게도 할 수 없었지만 하고 싶었던 이야기를 충분히 할 수 있습니다.
  피해자 및 주변 사람들에게 사과하고 용서받기를 원한다면, 혹은 비록 잘못은 하였지만 이해받기를 원한다면 그러한 기회를 얻을 수 있습니다.
  분쟁의 해결을 위해 피고인 자신이 적극적, 능동적으로 주도할 기회를 가질 수 있습니다.
- **피해자가 만남을 원하지 않으면 어떻게 하나요?**
  피고인이 피해자를 곧바로 직접 대면하는 것이 아니라, 회복적 사법 전문가가 사전에 피해자를 만나 충분한 대화를 나누어 피해자의 마음이 열렸을 때에만 이후 절차가 진행됩니다. 결국 피해자가 피고인을 만나기를 원하지 않을 경우 피해자의 의사는 존중됩니다.

- **피고인이 노력해도 결국 합의가 되지 않으면 재판에서 불이익을 받지 않을까요?**

  피고인의 진지하고 실질적인 피해회복노력은 감경적 양형요소가 됩니다. 그러나 다른 한편으로 피해자의 의사는 존중되어야 합니다. 형사재판은 이 모든 것을 종합적으로 고려하여 공정하게 이루어집니다.

- **결국 합의가 되면 재판에 어떤 영향을 미치나요?**

  합의 자체보다는 피고인의 진지한 피해회복노력과 실질적 피해회복결과가 중요합니다. 피고인에게 유리한 양형자료는 변호인을 통해서 형사재판에 제출할 수 있습니다.

한편, 〈피해자용〉 안내문에는 아래 내용이 포함되어 있습니다.

- **피해자는 이 절차에 참여하면 어떤 이익이 있나요?**

  종래 형사재판에 있어서 피해자는 단지 증인에 불과한 수동적 지위였으나, 회복적 사법 패러다임에서는 절차의 중심에 피해자가 있습니다. 피해자가 보다 능동적으로 절차에 참여할 수 있습니다.

  범죄로 인한 피해 결과와 피해자가 받은 고통, 현재의 어려움과 고충 등에 대해 충분히 이야기 하고 그에 대한 피고인의 진정한 사과와 반성을 요청할 수 있으며, 확실한 책임을 촉구할 수 있습니다.

- **피고인을 다시 만나고 싶지 않은데 피해자가 반드시 출석해야 합니까?**

  참여 여부는 전적으로 피해자의 자유로운 의사에 달려 있습니다. 또한 언제든 참여의사를 철회하고 절차를 그만둘 수 있습니다. 다만 피해자는 처음부터 바로 피고인과 대면하는 것이 아니라 회복적 사법 전문가들과만 대화를 나눕니다. 충분한 대화 끝에 피해자의 마음이 열릴 때에만 피고인과의 만남이 주선되고, 피해자가 원하지 않음에도 피고인과의 대화가 강요되는 일은 없으므로, 안심해도 됩니다.

- **합의의 성립 또는 불성립이 피고인의 재판에 어떤 영향을 미치게 됩니까?**

  이 절차에의 참여 여부와 상관없이, 피고인의 진지하고 실질적인 피해회복노력은 피고인에 대한 감경적 양형요소입니다. 한편 피고인의 처벌에 대한 피해자의 의사 또한 존중됩니다. 형사재판은 이 모든 것을 종합적으로 고려하여 공정하게 이루어집니다.

- **변호사 없이는 불안한데, 절차에 변호사를 대동해도 됩니까?**

  변호사 대동 및 절차 진행에 관한 피해자의 의견은 존중됩니다. 진행자와 협의할 수 있습니다.

- **피고인은 변호인이 있지만 나는(피해자는) 변호사가 없는데 불리하지 않을까요?**

  모든 절차는 중립적이고 전문적으로 훈련된 전문가(facilitator)들이 진행하므로 변호사의 존부는 유리·불리에 영향이 없습니다. 만일 피해자도 법률적 조력을 원한다면 변호사를 선임하여 절차에 참여할 수 있습니다.

---

4 한국비폭력대화센터(Nonviolent Communication, NVC)의 사이트는 다음과 같습니다. https://www.krnvc.org.

5 이화여자대학교 법학연구소 회복적사법센터로, 이화여자대학교 법학전문대학원 사이트에 이 센터의 세미나 기타 행사에 관한 안내가 이루어집니다. 센터 대표인 조균석 교수님은 회복적 사법 포럼을 약 10년 넘게 운영하면서 국내 회복적 사법 관련 인사들과 매월 회복적 사법에 관한 세미나, 심포지엄, 기타 활동을 이어가고 계십니다.

6 현재는 사단법인 갈등해결과대화로 바뀌었습니다.

7 한국갈등관리·조정연구소의 사이트는 다음과 같습니다. http://

conflict.kr.

8 한국평화교육훈련원의 사이트는 다음과 같습니다. http://kopi.or.kr.

9 하워드 제어,《회복적 정의 실현을 위한 사법의 이념과 실천》, 조균 석·김성돈·한영선·김재희·김혁·김현·박성훈·안성훈·이창진·장 다혜·장원경 옮김, 대장간, 2017[Howard Zehr, *The Little Book of Restorative Justice*, Good Books, 2002].

10 형사 합의와 양형에 관하여는 다음을 참고하시기 바랍니다. 김혜정, 〈현행 양형기준상 양형인자로서의 합의(처벌불원)에 관한 제 문제〉, 《사법》 제45호, 사법발전재단, 2018, 3~45쪽; 하지환, 〈형사합의의 개 념과 문제점 고찰〉, 《법학논총》 제36집 제3호, 전남대학교 법학연구 소, 2016, 301~330쪽.

11 형사소송법 제297조(피고인등의 퇴정)
① 재판장은 증인 또는 감정인이 피고인 또는 어떤 재정인의 면전에 서 충분한 진술을 할 수 없다고 인정한 때에는 그를 퇴정하게 하고 진술하게 할 수 있다. 피고인이 다른 피고인의 면전에서 충분한 진술 을 할 수 없다고 인정한 때에도 같다.
② 전항의 규정에 의하여 피고인을 퇴정하게 한 경우에 증인, 감정인 또는 공동피고인의 진술이 종료한 때에는 퇴정한 피고인을 입정하 게 한 후 법원사무관등으로 하여금 진술의 요지를 고지하게 하여야 한다.

12 미국 뉴욕주 법원 사이트 중 다음을 참고하시기 바랍니다. http:// ww2.nycourts.gov/Admin/OPP/dv-idv/index.shtml.

13 https://www.nycourts.gov/ip/domesticviolence/index.shtml

14 피해자-가해자 조정 모델(Victim-Offender Mediation, VOM)은 가 장 일반적으로 이루어지는 회복적 사법 대화 모델입니다. 그 외에 회 복적 사법 대화 모델은 서클형, 컨퍼런스형, 양형서클 등 다양합니다. VOM이 어떤 형태로 이루어지는 것인지 다음의 논문을 참고하시기 바랍니다. 박수선, 〈한국에서의 회복적 사법 '피해자-가해자대화모 임' 시범운영 사례〉, 《법학논집》 제15권 제1호, 이화여자대학교 법학 연구소, 2010, 107~128쪽.

15 문제해결법원에 대하여 좀 더 알고 싶은 분들은 다음 논문들을 참

고하시기 바랍니다. 김상규, 〈문제해결법원(Problem-Solving Courts)-미국 뉴욕의 예를 중심으로-〉, 《사법개혁과 세계의 사법제도》 IV, 한국사법행정학회, 2006, 201~217쪽; 이승호, 〈문제해결법원의 도입에 관한 검토〉, 《형사정책》 제18권 제1호, 한국형사정책학회, 2006, 51~79쪽; 정정미, 〈미국 양형 제도의 변화와 문제해결법원의 발전〉, 《청연논총-박국수 사법연수원장 퇴임기념》, 사법연수원, 2010, 463~504쪽; 정승원, 〈미래를 여는 우리나라 가정법원의 역할과 전망-한국형 가정법원 모델의 정착을 위한 제안〉, 《가정법원 50주년 기념논문집》, 서울가정법원, 2014, 853~902쪽.

16 하워드 제어, 《회복적 정의란 무엇인가》, 손진 옮김, KAP, 2010, 56쪽 참조[Howard Zehr, *Changing Lenses*, Herald Press, 2005].

17 https://restorativejustice.org.uk/resources/moj-evaluation-restorative-justice 참조. 이 사이트에서 연구 문헌을 다운받을 수 있습니다.

18 이 조사 결과에는 다음과 같은 결과들이 포함되어 있다고 주17의 사이트에 소개되어 있습니다. " • 회복적 사법이 재범률을 14퍼센트 감소시키는 결과를 낳았다. • 가해자를 직접 대면한 피해자 중 8퍼센트가 그 만남에 대해 만족하였고, 78퍼센트가 다른 사람들에게도 추천한다고 권했다. • 회복적 사법으로 기분이 더 나아졌다고 한 피해자들은 68퍼센트인 반면, 더 나빠졌다고 한 피해자들은 단지 2퍼센트였다 • 대면미팅마다 1파운드가 소요되었지만 재범예방에 쓰이는 돈이 8파운드 절약되었다."

19 캐나다 법무부의 공식사이트(https://www.justice.gc.ca/eng/rp-pr/csj-sjc/jsp-sjp/rr00_16/p3.html) 등 참조.

20 형법 제62조의2(보호관찰, 사회봉사·수강명령)
① 형의 집행을 유예하는 경우에는 보호관찰을 받을 것을 명하거나 사회봉사 또는 수강을 명할 수 있다.
② 제1항의 규정에 의한 보호관찰의 기간은 집행을 유예한 기간으로 한다. 다만, 법원은 유예기간의 범위 내에서 보호관찰기간을 정할 수 있다.
③ 사회봉사명령 또는 수강명령은 집행유예기간 내에 이를 집행한다.

21 이에 관하여는 다음의 논문들을 참고하시기 바랍니다. 박광섭·김성돈, 《각국의 회복적 사법 실무운용 자료집》, 한국형사정책연구원, 2006; 외국사법제도연구반, 《외국사법제도연구》 제13호, 법원행정처, 2013. 일반적으로 구할 수 있는 책들은 아니지만, 대부분의 법원도서관에 비치되어 있습니다.

그 밖에 페이스북(facebook)의 비공개그룹 'Community of Restorative Researchers-Discussion group'이나 공개그룹 'Restorative Justice Information Exchange' 등에 가입하시면, 회복적 사법의 국제적인 동향이나 정보 등을 접할 수 있고, '회복적 사법 이야기(Restorative Justice)〉'라는 페이지에는 국내외 회복적 사법에 관한 다양한 소식이나 정보가 소개되고 있습니다.

22 외국사법제도연구반, 《외국사법제도연구》 제13호, 법원행정처, 631쪽, 2013.

23 원문은 다음과 같습니다. "Restorative justice programmes should be generally available at all stages of the criminal justice process."

24 유럽평의회(Council of Europe) 사이트에서 다운받으실 수 있습니다. https://rm.coe.int/09000016808e35f3.

25 원문은 다음과 같습니다. "Restorative justice may be used at any stage of the criminal justice process."

6부 | 회복적 사법이 열어줄 새로운 세상

1 하워드 제어, 《회복적 정의 실현을 위한 사법의 이념과 실천》, 조균석, 김성돈, 한영선, 김재희, 김혁, 김현, 박성훈, 안성훈, 이창진, 장다혜, 장원경 옮김, 대장간, 78~80쪽, 2017[Howard Zehr, *The Little Book of Restorative Justice*, Good Books, 2002].

2 다음을 참고하시기 바랍니다. 임수희, 〈형사재판 양형심리 절차에서의 회복적 사법의 구현〉, 《형사재판 양형을 통한 회복적 사법 이념 구

현과 양형인자로서의 합의-양형연구회 창립기념 심포지엄 자료집》, 양형위원회 운영지원단, 81~116쪽, 2018.

3 회복적 사법에 의한 책임은 응보사법적 책임보다 어떤 의미에서는 더 나아간 책임입니다. 그러니 응보사법이 구축되어 있지 않은 경우에 회복적 사법으로 더 나아가기는커녕, 오히려 기본적인 사회질서의 유지 및 사회보호조차 가능하기 어려울 수 있습니다. 잘못한 만큼의 응징이 없는 사회에서 가해하는 개체는 책임을 쉽게 회피하고 빠져나갈 수 있지만, 결국 그러한 사회는 잘못한 만큼 응징하는 사회보다 사회진화론적으로 열등하고 취약해서 사회 전체가 더 쉽게 무너지거나 소멸할 수 있다고 합니다.

이와 관련하여 다음 책들의 일독을 권합니다. 마이클 맥컬러프,《복수의 심리학》, 김정희 옮김, 살림, 2009; 로버트 액설로드,《협력의 진화》, 이경식 옮김, 시스테마, 2009.

에필로그

1 다음을 참고하시기 바랍니다. 임수희, 〈[In&Out] 회복적 경찰활동의 안착을 기원한다〉,《서울신문》, 2019년 8월 25일자.

처벌 뒤에 남는 것들

초판 1쇄 펴낸날	2019년 12월 20일
초판 4쇄 펴낸날	2021년 9월 20일
지은이	임수희
펴낸이	박재영
편집	이정신·임세현·한의영
디자인	조하늘
제작	제이오
펴낸곳	도서출판 오월의봄
주소	경기도 파주시 회동길 363-15 201호
등록	제406-2010-000111호
전화	070-7704-2131
팩스	0505-300-0518
이메일	maybook05@naver.com
트위터	@oohbom
블로그	blog.naver.com/maybook05
페이스북	facebook.com/maybook05
인스타그램	instagram.com/maybooks_05
ISBN	979-11-90422-05-5 03360

만든 사람들

책임편집	이정신
디자인	조하늘